偏執型 × 自戀型 × 做作型 × 反社會型 × 被動攻擊型
20 則諮商手記，每個人的身上都潛藏著致病因子？

樂律

U0078551

變態心理 實錄

｜人格障礙篇｜

〔偏執型〕你今天說這些話，是不是在針對我？

〔反社會〕為達目的不擇手段，看不到別人的痛苦

〔強迫型〕先規劃好再行動，面對突發狀況不知所措

〔受虐型〕習慣了被人欺負，同時也在傷害別人

刁慶紅 著
京師博仁 組編

我們其實都存在人格問題，
受刺激時以各種「情緒」爆發出來，
非除器質性因素，人類的精神疾病只有一種——「人格障礙症」

目錄

目錄

前言
世界上只有一種精神疾病

目前全世界通用的是第 10 次修訂本《疾病和有關健康問題的國際統計分類》，仍保留了 ICD 的簡稱，並被統稱為 ICD-10。ICD-10 將精神和行為障礙分為如下 11 類：

✎ 器質性精神障礙；

✎ 使用精神活性物質引起的精神和行為障礙；

✎ 思覺失調症、思覺失調人格障礙症和妄想症；

✎ 心境障礙；

✎ 精神官能症性、緊迫相關的以及軀體形式障礙；

✎ 與生理紊亂和軀體因素有關的行為症候群；

✎ 成人人格和行為障礙；

✎ 精神發育遲滯；

✎ 心理發育障礙；

✎ 通常發病於童年和青少年期的行為和情緒障礙；

✎ 未特指的精神障礙。

在這 11 個種類之中，排除掉器質性的精神疾病，我認為，人類的精神疾病只有一種，即人格障礙症。

前言　世界上只有一種精神疾病

　　人格障礙症患者充斥在我們社會上的大量普通人群之中，因為其社會功能的良好而不被識別，只有當他們表現出各種精神官能症症狀、軀體形式障礙以及精神病學上面的各種臨床症狀的時候，我們才知道他們病了。但是人們卻不知道，在這些以各種形式呈現出來的疾病的背後，都隱伏著人格的變異和障礙。

　　在所有的臨床症狀的背後，如果沒有人格上的問題，那些臨床症狀都是不會出現的。而人格問題，卻是我們普通人身上或多或少都存在的一種普遍現象。

　　在我們的人生過得順風順水的時候，我們不會出現焦慮、憂鬱、強迫等現象；而在我們的人生遭遇變故的時候，這些以情緒為表現形式的東西都會冒出來襲擊我們。

　　在使用精神活性物質引起的精神和行為障礙的一群人中，他們被內在的空虛、憂鬱、自體意象模糊所驅動，希冀透過自我麻醉來為虛弱的精神找一個出口，這不是人格上的問題是什麼呢？

　　思覺失調症或者精神病性障礙患者，他的人格基礎就是以這樣的兩類人格障礙為代表的：偏執型人格障礙和思覺失調人格障礙症。在這兩類人格障礙中，如果生活還比較平順的話，他們是帶著人格障礙的心理疾病活著的；而在生活遭遇變故的時候，他們本身就不穩定的人格結構徹底地破碎了，進而退化到精神病性障礙裡。

　　在所有的精神病性障礙裡，我們都可以觀察到患者在發病前就有非常明顯的人格異常或者是偏離以及在病癒後也有很明顯的人格異常或者是偏離。

　　關於心境障礙，如果他內在沒有人格上的問題，在遇到事情的時候，他就不會產生不合理的認知以及持續的負面情緒。

曾經在臨床上扮演主要角色的各種精神官能症，只是人格障礙的表現形式和呈現方式。也就是說，我們以焦慮、憂鬱、慮病、強迫、恐懼等形式，來反映我們的人格障礙，還可以說，人格障礙的表現形式或者叫症狀，就是精神官能症和其他軀體形式障礙以及身心疾病。

　　其他，諸如失眠、身心疾病、軀體化、解離症等的背後，都有人格障礙症做基礎。

　　我們以上所說的內容的前提，都不包含器質性的精神疾病，而只是功能性的精神疾病。

　　我提出這樣一個觀點，並不是為了嘩眾取寵，吸引關注，而是心理治療的臨床需求。因為如果我們沒有看到精神疾病背後的人格因素的話，對於治療一個人，我們可能只能停留在表面上。

　　什麼叫人格障礙？

　　人格（personality）或稱個性（character），是一個人固定的行為模式及其在日常活動中待人處事的習慣方式，是全部心理特徵的綜合。

　　人格障礙是指人格特徵明顯偏離正常範圍，形成了一貫的反映個人生活風格和人際關係的異常行為模式。

　　什麼是人格障礙？簡單地說，人格障礙就是性格障礙。人格＝性格＋氣質。但在日常生活中，氣質和性格早就如同泥巴裹著沙，互相混成一團了。

　　那麼，什麼是人格障礙呢？這太簡單了，你看一個人的人際關係總是處理得很困難，和周圍人相處總是有問題，八九不離十，人格障礙。

　　但是，那些和人相處都沒有問題的人就沒有人格障礙了嗎？錯，更有可能是。有幾種人格障礙表面上看起來是非常好相處的，比如自戀、

表演、依賴、迴避等類型的人格障礙中的一部分人，因為存在著討好型的人格特質，所以看起來並不難相處，只要不是和他介入親密關係以及長期而有深度的關係，這一類人都看不出有什麼問題。但是時間久了，要麼是以他自我喪失為代價，要麼是以他人自我喪失為代價，這種關係才可以持續下去，而最終都會以一個人的身體總是罹患一些疾病來呈現關係中的問題。

所以，人格障礙真的很普遍。

以前，在佛洛伊德時代，他說過，人人都是精神官能症，當然他的精神官能症的概念和臨床上的概念是不太一致的，但是實質卻是一樣的。我們每個人想一下就明白，自己身上多多少少都會有一些輕微的強迫症狀；廣泛性焦慮在我們強調自我約束的東方文化裡，也並不少見；憂鬱氣質或者憂鬱心境，在人的一生之中總是會有一些時刻冒出來；至於恐懼症 —— 黑暗恐懼、死亡恐懼、登高恐懼、場所恐懼、社交恐懼（如當著公眾的面講話）、慮病症……這些在正常人身上，也多多少少是存在的。而在達到精神官能症的臨床診斷標準的那些患者身上，程度就更加嚴重了。

每一個表現出這些症狀的患者，都會經歷一個長期的過程，沒有哪一個症狀是會輕易地消失在他生命裡的，即便是按照傳統的說法，治療精神官能症的困難也並不比治療人格障礙輕，那是因為其實這些精神官能症本身就是某種人格障礙的呈現。這些精神官能症的症狀已經內化成為他的人格的一部分了。一個強迫症的患者，周圍的人和他正常相處還是有困難的，他對這個世界有諸多的恐懼和幻想，他對自己在這個世界的存在方式是持基本的懷疑態度的，他的強迫無非是對他的人格變異的一個反映而已。

在臨床上，強迫症可能出現在自戀型人格障礙、邊緣型人格障礙、強迫型人格障礙、焦慮型人格障礙以及思覺失調症等心理疾病之中。也就是說，好多個類型的人格障礙都可能以強迫症這樣的表現形式來呈現。

人格障礙這四個字組合起來，貌似是一種很嚴重的心理疾病的樣子，但是，單純從障礙兩個字來說，含義是指正常的道路上遇到了阻攔的東西，那麼，如果我們從這個含義去理解人格障礙，就是人格在發展過程中遇到了阻攔的東西，所以導致一個人的人格發生了偏離。從這個角度來理解人格障礙，其實不必有太大的恐慌。

俗話說「人無完人」，這句話很好地說明了每個人的性格都有一些讓身邊的人不爽快的東西。這些讓人不爽快的存在，就是性格上的毛病。

科胡特（Heinz Kohut）說了，沒有完美的父母養育，這句話背後的潛臺詞就是，我們每個人勢必都是帶著某種人格缺陷而活著的。

是缺陷更嚴重，還是障礙的命名更嚴重？

每個人的一生，都多多少少會帶著一些或明顯或者暗淡的心理疾病前行。

人格障礙沒有伴發精神官能症現象的時候，這個人的人格功能是良好的，人格的問題是潛伏起來的。一旦爆發精神官能症的症狀或者是其他更嚴重的症狀的時候，我們就說，這個人病了。

很多人格障礙都是無法被識別的。就拿自戀型人格障礙來說吧，他們的價值觀和社會潛意識層面流行的價值觀非常吻合，我們發現不了他們有什麼問題，相反，他們很容易成功，只是在成功的道路上把他人都當作棋子利用或當作絆腳石踢開。但是，患者雖然獲得了各方面的成功，內在世界卻會時常感覺到空虛和憂鬱。我們經常看到的工作狂、學

習狂、「停不下來」、過勞死，或許就是他們內心生病的信號，可惜，因為這個東西和我們社會提倡的價值觀是吻合的而不被發現。這類人雖然取得了很大的社會成就，但是無法體會到生命的意義、存在的價值，無法安然地享樂，因而產生慢性焦灼、慢性內耗，這些問題的背後其實都是以人格障礙為實質的心理疾病。

而我們每個人在自戀這個問題上，或多或少都存在著創傷。

美國的心理治療巨匠南希‧麥克威廉斯（Nancy McWilliams），哲學博士，現在紐澤西州立大學羅格斯應用與專業心理學研究生院教授精神分析理論與治療；同時，在紐澤西州弗萊明頓私人執業；曾任第 39 屆美國心理學協會（APA）精神分析分會主席。

她在一次講座上對諮商心理師說過這樣的話：

> 你們自己在做自我體驗的時候，其實你能夠感知到自己的症狀中是有一些瘋狂的因子的。當你的治療處於強烈的移情階段和退化階段的時候，你發現你根本分不清你面對的治療師是過去的客體還是真實的治療師，過去和現在的混淆感非常非常強烈。所以你作為一個臨床心理學的工作者，作為臨床醫師，你自我體驗做得越多，做得越深厚，你越會發現自己和患者之間沒有區別。
>
> ……

沒有一個人敢說自己在一生之中，任何時候心理都健康，任何時候都沒有心理疾病。所以，人格上的缺陷或者是障礙，是我們作為一個人的深深的疼痛，是對人生探索而不得結果時的一種高貴的狀態，是每一個人在這個世間的存在之在，所以要尊重我們的這種伴隨著心理疾病的生存狀態。

有一些高官，社會功能夠好了吧？但是他會去犯罪，因為經濟或女人的問題而鋃鐺入獄。但是，我們仔細了解他入獄之前所做的那些事情，似乎總是「故意」遺留了一些證據給別人逮到。在他的潛意識層面，就好像做那些事情的目的就是等著被抓的。背後所隱伏的，就是這個人的人格問題。

很多文學家、藝術家、政治家、科學家，比如史達林、希特勒、梵谷，愛因斯坦等，都是嚴重的人格障礙症患者。

甚至我們還可以這樣說：整個世界，都是由人格有障礙的人創造的。面對我們存在的傷口，並不是一件可恥的事情。相反我倒覺得，人格沒有問題的人會是一種什麼樣的狀態？一個各方面都整合得很好，不會出現情緒問題和認知偏差的人，這樣的人的模型和範本是誰？他在哪裡？他還好嗎？他是上帝還是佛陀？

為什麼悲劇總是比喜劇更有力量和深意，那是因為悲劇是一個有缺陷的存在，有喪失的存在，這提示悲劇更能夠接近我們生存的真實狀態。有喪失，才給創造和得到留下空間，而完滿，總是讓人覺得不真實以及更加的虛空和虛無。從這個意義上說，我們的人格都有點問題，或許是一件好事。

這只是我們願不願意去看到，願不願意去承認的問題。

很多人活了一輩子，到死都不知道自己居然是某種心理疾病的帶原者，他只是一輩子圍著醫院轉，被各種軀體化的症狀所包圍，被各種人際關係困擾所挫敗。

這樣的人在生命世界裡，太多太多。

朱德庸直到五十多歲，才知道自己罹患了亞斯伯格症，這是一種很

嚴重的心理疾病了，他帶著這樣的心理疾病活了一輩子而不自知。類似的情況太多太多，我們身邊的許多人，按照我的觀察，其實都是某種人格障礙症患者，他只是還能夠正常地生活，用各種辦法來轉移自己對生活感受到的無力和無意義。

日本精神科專家岡田尊司寫了一本書，叫《パーソナリティ障害がわかる本》，提到每個人都患有人格障礙。的確，每個人身上，都多多少少有一些讓他人覺得難以忍受的地方，這些地方是他本人的軟肋，也鏡映（mirroring）出他身邊的人的軟肋，而我們就是在這樣的互相碰撞、互相「廝殺」又互相依賴中建立關係的。

在佛洛伊德的那個時代，精神病學家和心理學家對心理障礙的關注點和研究範圍，還沒有擴大到人格障礙，所以，精神官能症是主流；而到我們現代社會，人格障礙現象的增多以及人們對人格障礙關注和研究範圍的擴大，讓大家覺得人格障礙不容忽視。

在臺灣，當一個人搖著頭這樣評價另外一個人的時候，後者要麼是人格障礙症，要麼也離此不遠了，這句話就是「江山易改，本性難移」。而事實上，哪個人不是這樣的呢？

是的，這裡的本性就是人格，而人格障礙的改變，就是比江山的改變都還困難的。這是因為，形成核心人格的關鍵時期和敏感時期，一般都是在 3 歲以前，甚至可以早到 1 歲以前。這些前語言時期的創傷，很難被個體意識到和捕捉到，但創傷的後遺症卻在成年以後被固定地組織到了一個人的人格結構裡，從而形成非常穩定和固執的人格特點和行為方式。

人格障礙的最終表現，是這個人的人際關係問題。這個人很難和人形成穩定的親密關係，或者只是一種假性的親密關係，就是兩個人都互

相需要，比如權力型的人和依賴型的人，就可以很完美地度過一生，但是你仔細地去觀察他們的關係，就會發現這種關係的品質很低。關係中的某一個人僅僅是因為害怕被拋棄而緊緊地「吊」在這段關係裡。

精神病院的患者，除了思覺失調症，最多的就是憂鬱症、焦慮症、雙相情緒障礙、軀體化等等。其實，這幾種以情緒異常來命名的精神疾病的背後，大多是有著人格障礙的基礎的，但是，身心科或者心理衛生中心一般不會給一個人下人格障礙症的診斷。

在醫院系統中，一旦給一個人下人格障礙症的診斷，就意味著這個人不是透過醫療手段可以治療好的。醫療手段只能對他的憂鬱症、焦慮症和某些瘋狂的病症進行治療，但是無法去撼動他的人格。因為一個人的人格是需要漫長而艱辛的心理治療才能看到效果的，而這個過程成功與否還取決於來訪者自己對治療的配合和領悟的程度。

所以，人格障礙症這樣一種廣泛而普遍的心理疾病，反而是一種被普遍忽略的心理疾病。我們只關注患者所表現出來的那些情緒障礙，而忽略了在那些情緒障礙背後的人格問題。

四

很多醫院是不允許諮商心理師接手人格障礙症的，連精神官能症都不能接手，這是不符合精神疾病的實際狀況的。對於人格障礙，心理諮商或者精神分析是唯一可以從根本上撼動和改善他們人格特質的途徑。諮商心理師在和來訪者建立了良好關係的前提下，以自己的人格力量去影響來訪者，透過一定的移情和反移情的工作，慢慢地，就會讓來訪者發生奇妙而神奇的改變。

精神分析治療人格障礙，有很多循證醫學的例子，佛洛伊德的經典精神分析，為我們理解做作型人格障礙提供了堅實的理論基礎，科胡特

的自體心理學是治療自戀型人格障礙症患者的利器，科恩伯格（Arthur Kornberg）的移情焦點療法為治療邊緣型人格障礙提供了大量的臨床經驗，拉岡（Jacques-Marie-Émile Lacan）的臨床分析實踐對於一個人去掉病態型自戀也十分有效，約翰‧鮑比（John Bowlby）的依戀理論可以解釋很多人格障礙症的起源⋯⋯

認知行為療法對於人格障礙的治療效果，也是得到了循證醫學的檢驗的，亞倫‧貝克（Aaron Temkin Beck）和他的後繼者的一系列臨床實踐，對於治療各種人格障礙都取得了很好的效果。

存在人本主義療法對人格障礙的治療，也是透過諮商師的無條件接納，修正來訪者早年頭腦裡的嚴苛的客體意象，從而自我饒恕和寬恕，慢慢地緩解自己的焦慮情緒，改善自己的人格特質。

面對所有的心理疾病背後都有人格這樣一個因子在起作用的情況，心理諮商又恰恰是最能夠對一個人的人格發生作用的途徑，我們有什麼理由把諮商心理師排除在對人格障礙症的治療團隊之外呢？當然，這裡的諮商心理師也是有前提的，必須是貨真價實的諮商心理師，一個經過長期而系統訓練的諮商心理師，一個充分了解自己的諮商心理師。

人格障礙裡面會有無數的分類，其中還涉及高功能的人格障礙、低功能的人格障礙以及破碎性的人格障礙，也就是精神病性的人格障礙。在患者急性發作期間，有很嚴重的認知問題和情緒問題的時候，是不適合做心理諮商的。這個時候需要醫療機構先把他們的崩潰和瘋狂的情緒給平復了，心理諮商才可以隨後介入。

所有的情緒背後都一定有一個歪曲的或扭曲的認知，雖然情緒出現的速度總是很快，但是並不能把情緒背後或在意識層面乃至潛意識層面的認知成分給抹殺掉，心理諮商最為有效的就是改善來訪者的認知和相

應的情緒反應。

所有的人格障礙，背後其實都是認知出了問題，引起一系列病態的核心信念和低自我價值感，所以附帶情緒出現異常，因而形成這個人一貫的性格特點。

面對一個人的性格（人格）問題，除了心理諮商，還有什麼途徑可以更快、更有效呢？

五

本書中的個案，均是徵得來訪者同意才發表的。儘管這樣，我還是對個案的身分資訊做了修改，以盡量不曝光個案的身分為宗旨。

個案中有一些是我的個案，有一些是我的同行們的個案，在文中統一以「我」來指代諮商心理師。

在此，特別感謝這些個案的大公無私，願意奉獻自己的生命祕密，提供給本次個案的寫作，以幫助更多需要幫助的精神痛苦的人們。

本書成書倉促，錯誤之處在所難免，加之本人能力所限，從一個諮商心理師的角度去解讀一些精神病理現象，難免出現各種紕漏，還望同行指正。

刁慶紅

第一章

古怪類人格障礙

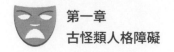
偏執型：一個四面樹敵的女人

李小沛

　　早上醒來，打開房門，她看見門口的水泥地上吐著一攤穢物，很明顯，這又是樓上哪一家的酒鬼在昨天晚上經過她家門口的時候幹的好事，這已經不是第一次發生這樣的事情了。她頓時覺得自己的喉嚨裡有被堵住的感覺，一股無名火迅速地升騰起來，她對老公說：「這是哪個雜種，特地吐在我家門口，來針對我？老娘準備上樓去一家一家地問，總之得把這個雜種問出來，看他以後還敢這樣欺負老娘……」

　　老公和她對這個問題的看法完全不一樣，老公說：「妳想，我們家住二樓，他從一樓走上來，剛好走到這個地方，就想吐了，他並不是針對我們家的。只是我們家的這個位置剛好是他走路上來引吐的一個位置……」

　　她不相信老公的話，在她心中，一定是有一個人在報復自己，至於為什麼要報復自己，她腦海裡沒有這樣的概念 —— 因為她才搬到這個地方一年多，而且其中有半年的時間，她還在外地學習，樓上的鄰居沒有一張熟悉的面孔，就連打照面都很少 —— 那麼，那個在她家門口吐了幾次的酒鬼，為什麼要針對她呢？

他們家這個社區，是一個只有 5 層樓的社區，沒有電梯，都是樓梯，一樓兩戶的那種普通公寓。

今天是週末，老公帶著她回到公婆家，公婆家有許多兄弟姐妹和他們的配偶以及孩子，都會在週末回到老人家團聚。

團聚回來，她又朝著老公大叫：「你那個姐姐，說話總是含沙射影的，當著我們的面拿錢給你爸爸媽媽，這不是擺明著要我們也給嗎？或者是嫌我們之前給的少了……」

老公安慰她說：「妳完全是誤會了，我姐姐前幾天向我爸媽借了一筆錢，今天是還他們呢！」但是，老公的話對她沒有用，因為以前大姑的確是說過的，他們在經濟條件好了以後，應該給父母一些支援，父母準備在這塊老宅基地上重新蓋房子，需要不少錢呢！

她平時存下一點點錢，都會想辦法拿去支援自己的娘家，她要幫弟弟買房子付首付。弟弟一直缺乏這個能力，她作為姐姐，不可能不幫弟弟。所以，這些年來，她從來沒有給過公公婆婆經濟上的支援，她對他們沒有感情，她也不想給他們錢，因此，她能從大姑的話裡聽出對她的責怪。

10 年前，老公家的弟弟妹妹都在讀大學，正是需要用錢的時候。那個時候，她和老公才開始工作不久，但是，兩個人的薪水都很高。即便是這樣，她也不願意拿錢給公婆資助丈夫的弟弟妹妹。因為她生孩子的時候，婆婆沒有拿過一隻雞過來，也沒有照顧過孩子和她，所以她心裡記恨著這件事情，覺得公公婆婆薄待她，所以她要報復他們。

後來，公公把原本買給他們夫妻的房子賣掉了，賣的錢就拿去供老公的弟弟妹妹們讀書，她和他們的關係就走得更遠了。

女兒長大的過程中，她很少讓女兒去爺爺奶奶家，她總是覺得公公婆婆會在女兒面前說自己的壞話。

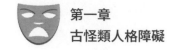
有一次，公公婆婆到她住的地方旁邊的一塊空地上來幫她挖土，想種上一些白菜秧和蔥、蒜苗之類的蔬菜。公公婆婆離開了以後，她在田裡找到一塊小木頭，她對老公說：「你看，這上面的筆劃好像是我的名字，木頭上面還有針眼，這一定是公公婆婆在對我施法，希望我早點死去……」

老公覺得她的思維完全不可理喻，簡直無法和她交流，只好什麼話都不說了，任憑她自說自話。

她在讀大學的時候，和寢室裡的另外 5 個同學處處針鋒相對，她總是覺得她們在針對她。別的同學關門的聲音重了一點，她覺得別人是故意影響她休息的，就要起床和那人吵架；上鋪的同學從床上抖落一點東西到她的床前，她覺得那個人是在表達對她的不滿，所以她要和那個人吵架……總之在她的內在世界裡，別人都是在收拾她，她也不示弱，就和她們為敵。最終，那幾個同學聯合起來孤立她，她在寢室裡待不下去了，後來一個人搬出來，在校外租了一間房子自己住。

一個人住的時候，每天晚上，她會在自己的住處後門堆放 4 個沉重的凳子，確保自己是安全的。

有一次她要出國去玩，在某個平臺上買機票，買了幾次沒有買成功，她很著急，然後打電話給客服，客服很認真地指導她怎麼操作。等電話打完，回來繼續操作的時候，她發現她訂的那班飛機的票價就上漲了，但是，因為餘票不多了，她也只能買了。她心裡馬上浮現出的感覺是，有人在針對她，故意給她漲價的。買完以後的第二天，她又去查那個機票，發現機票又下跌了，這更使她相信自己是被人故意收拾的，至於那個人或者那個系統為什麼要這樣針對她，她也不知道。

這樣的感覺，在她生活的各方面都存在著的。她時刻都覺得有人在

故意針對她、整她，哪怕人家和她素不相識，甚至素未謀面，她也覺得別人是成心在針對她。

在公司，她的這種感覺就更為強烈，所以她工作這麼多年，在部門裡沒有一個朋友，反而到處都是敵人。她總是覺得科長在「銃康」自己，同事在扯她後腿，他們安排給她的工作任務都是在整她。

她才開始工作的第一年，因為部門裡的一個同事懷孕，所以主管希望她可以代替那個同事做一些文件收發和資料傳遞以及打字的事情。她堅決反對，並非是她不知道那個同事已經不適合做這個工作，且她也完全可以勝任這些事情，而是她感覺到別人在欺負自己是新人，所以才安排這樣的差事給自己。所以她一定要反對，那個懷孕的同事沒有辦法，只能繼續做著那些雜務工作。

她是一個長相還算是漂亮的女人，人很瘦，但是五官非常不錯，尤其是眼睛很大、很有神，水汪汪的。當初，她老公就是被她的一雙眼睛給吸引住而最終娶了她的。

之前她的科長大概也是被她這雙眼睛給迷住過，所以曾經對她有過非分之想，至於科長是否對她做過什麼，誰也不知道。但是，最近她反覆在鬧，說科長打擊報復她，因為科長安排了另外一項工作給她，而那個工作是她不喜歡的，她認為是因為自己之前拒絕過科長的曖昧，所以科長透過工作的重新安排來收拾她。

她去和科長交流過自己的疑惑，科長說：「妳這個年紀了，那種有點冒險的工作，還是讓年輕人去做吧，我這是在保護妳。」但是她聽不進去，她說：「我也還年輕啊，我工作能力那麼強，憑什麼讓我做這些老年人的工作，這個工作讓我很沒有成就感！不行，我還是要做我原來的工作。」

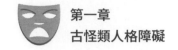
科長就說：「現在我已經把工作安排下去了，妳再等一段時間，我看看還有沒有新的機會讓妳做那份工作，好嗎？」

她沒有辦法，只能接受這個安排，但是，在和年輕同事合作的過程中，她很被動，很拖延，根本就不願意和別人合作。科長沒有辦法，過了一段時間以後，只能在背地裡申請把她調動到別的部門去了。

她與所有人的關係都如同樹敵，她和老公的家人也相處得不好。老公覺得她性格非常怪異，對她的態度也逐漸開始冷淡。

老公對她的態度越來越冷淡之後，她也有所覺察。剛好最近老公的工作有所變動，在外應酬的時間比過去多了起來，回家的時間也經常不能確定，她開始頻繁地打電話給老公，叫老公傳自己的定位給她。老公煩不勝煩，但是因為知道她的脾氣，所以還是耐心地告知她自己在哪裡，在做什麼。

有幾次，她還是敵不過自己內心的猜忌，跑到老公應酬的飯店裡去看，她從飯店包廂的玻璃門上，看到老公的確是在和他的上司喝酒，這才安心地回去了。

後來她開始查老公的手機了，老公肯定是不讓她查的，但是，她會趁老公睡著或者喝醉的時候查。總之，她若是想查，總是能夠找到機會的。老公的手機設置了螢幕密碼，但是，她早在某個時機下，就把這個密碼看到了。

她在手機裡發現了老公和某個女同事交流工作時曖昧的態度，她認識那個女的，她是和老公一個科室的，來過他們家吃飯。聯想到老公很長一段時間以來對自己的冷漠以及很少過性生活，她腦海裡立刻浮現出老公和那個女人在一起卿卿我我、耳鬢廝磨，甚至做愛的場景，這種想像的畫面幾乎快把她弄到窒息，他怎麼可以這樣對我？他怎麼可以這樣對我？這個該死的男人！

　　一種被背叛的感覺油然而生，她無法接受因為這件事情而產生的自己在老公心裡快不存在的感覺以及這種感覺帶給她的羞恥感，她馬上把老公搖醒，問他是怎麼回事。

　　睡眼矇矓的老公被她的表情嚇住了，再一看她拿著他的手機質問他和他的同事的曖昧言辭，不由得「撲哧」一笑：「就這件事情啊，我們兩個那麼多年的同事，說話早就是那個風格了，有什麼好奇怪的嗎？妳腦袋進水了啊，這種東西都拿來問我，還有，我有准妳看我的手機嗎？」

　　她說：「你的手機為什麼要設置密碼？你有什麼不可告人的祕密需要隱藏？」

　　他說：「就妳這副德行，我如果不設置密碼，妳每天的工作不就成了間諜或者特務了嗎？妳的任務就是去查我的行蹤，查我和哪個女人在一起是吧？我如果哪天真的搞個女人，我再通知妳來捉姦好不好？……」

　　她說：「你在外面真沒有女人嗎？」

　　他說：「妳想要我有嗎？」

　　她說：「你如果沒有女人，為什麼那麼多天都不碰我一下？」

　　他說：「妳一天到晚都疑神疑鬼的，我都不被妳信任，哪還有興趣碰妳……」

　　她聽到這裡也笑了，其實她內心是很依戀自己的老公的，老公對她也一直很好，包容著她許多的不可理喻，她偶爾清醒的時候也知道老公是不會出軌的。但是，過不了多久，如果老公哪一點表現讓她心生疑竇，她又會開始懷疑老公要背叛她了，任憑老公怎麼解釋都是沒有用的。

　　終於，在幾年後，她老公感到自己無法承受這個妻子的各種猜測和懷疑，使出一個計策，成功地和她離婚了。老公是一個很愛女兒的男

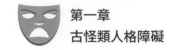
人，之前也是因為顧慮到她生孩子的時候難產，受盡折磨，所以對她一直有愧疚，想要彌補她。但是，老公發現自己快被折磨成神經病了。

離婚後的某個淒風苦雨的夜晚，她在夢裡問自己：妳真的相信這個世界上的所有人都不會愛妳嗎？妳真的相信所有人都是要害妳的嗎？她哭著醒來，發現枕頭上全是淚水……

對偏執型人格障礙的解讀與調適

（1）

故事中的小沛生長在一個普通的工人家庭。

小沛的媽媽平時還是很寵愛小沛的，家裡的經濟條件一般，但是小沛提出的一些要求，媽媽都會滿足她。

平時，媽媽不准小沛和朋友出去玩，理由是會影響小沛的功課。但是，媽媽時常傳遞給小沛的觀點是：外面的人都是壞的，居心叵測的，妳對他們好，他們會利用妳；妳對他們不好，他們會收拾妳。

媽媽時常因為小沛的成績而暴打她，小沛有時候會故意和媽媽唱反調，故意考得很差。媽媽有一次發現了女兒是這樣做的，於是把她吊起來打。

平時，媽媽對待小沛也是比較隨意的。小沛讓她不舒服了，她可以順手就給女兒一巴掌。小沛從小就非常倔強，無論如何都不會向媽媽低頭。

後來，媽媽成了一個佛教徒，性格改變了許多。但是在外人看來，媽媽還是那個樣子。

小沛在外地工作以後，工作條件很好，但是媽媽堅決要小沛回到自己的身邊，小沛最終還是回來了。然後媽媽到處找人替女兒介紹對象，

一直逼著女兒去相親，小沛最終還是拗不過媽媽的意思，嫁給了自己的丈夫。

小沛在外地工作的時候，生病了，去開的藥方，媽媽要小沛把方子傳給自己，自己親去抓藥，然後搭車到女兒所在的城市拿給她就離開了。女兒雖然之前再三地說自己可以去抓藥，但是媽媽不相信，一定要親自把藥送給女兒。

在這種時候，小沛感覺到的是沉重的壓力。媽媽並不管她需要的是什麼，總是把自己覺得好的東西給她。

小沛在離婚以前，跟媽媽說起過幾次丈夫對自己的冷暴力，媽媽說：「沒有啊，他這哪裡是在對妳冷暴力嘛，他還是會買項鍊送妳，還是在照顧妳的生活嘛……」小沛吃驚地望著媽媽，感覺到媽媽是一個很冰冷的人，媽媽雖然熱火朝天地說著話，但是那些話卻沒有任何的溫度。

後來，丈夫把他自己弄進精神病院裡了，才和小沛成功離婚。離婚後，小沛聽人說起丈夫的近況，才知道丈夫並沒有真正生病。面對痛不欲生的小沛，媽媽說：「這麼好的一個男人，可惜了，自己的婚姻，自己要守好的，把這麼好的男人搞丟了……」

怎麼做，都是妳的錯。小沛突然覺得這種感覺好熟悉，小時候就是這樣的，無論小沛做什麼，媽媽都覺得是小沛的錯，而且要把小沛拉到那個錯誤的結果面前，讓她好好看清楚，讓她心疼、讓她後悔、讓她難受……

爸爸媽媽離婚的時候，小沛只有五歲多，媽媽有整整半年都無法從憂鬱和歇斯底里的狀態中走出來。爸爸是因為外遇和媽媽離婚的，那半年，媽媽對於小沛是陌生的，媽媽很少和小沛說話，小沛的情緒也不能在媽媽那裡表達。

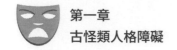
幾年以後，媽媽再婚了，但是媽媽依然時常會對小沛說：「妳看，妳爸爸再婚以後生了一個兒子，又離婚了，那女人堅決不要孩子，她現在過得多逍遙，多自在。沒有孩子在身邊，她再婚也比較容易……」

很多年以後，小沛已經十多歲了，在某一次媽媽再次這麼說的時候，小沛鼓足勇氣質問媽媽：「媽媽，妳和爸爸離婚的時候，是不是後悔選擇了我？」

但是，媽媽是矢口否認的，小沛感覺媽媽很虛假，但是她也無能為力。

（2）

偏執型人格障礙（paranoid personality disorder, PPD）的診斷標準：

對他人不信任和猜疑以至於把他人的動機解釋為惡意的。起始不晚於成年早期，存在於各種背景下。表現為下列症狀中的 4 項（或更多）：

✎ 沒有足夠依據地猜疑他人在剝削、傷害或欺騙他。

✎ 有不公正地懷疑朋友或同事對他的忠誠和信任的先入為主觀念。

✎ 對信任他人很猶豫，因為毫無根據地害怕一些資訊會被惡意地用來對付自己。

✎ 善意的談論或事件會被當作隱含有貶義或威脅性的意義。

✎ 持久地心懷怨恨（例如：不能原諒他人的侮辱、傷害或輕視）。

✎ 感到自己的人格或名譽受到打擊，但在他人看來並不明顯，且迅速做出憤怒的反應或做出反擊。

✎ 對配偶或性伴侶的忠貞反覆地表示猜疑，儘管沒有證據。

任何一種人格特質，都是包含有從健康到病態中間的無數種過渡狀態的。

比如偏執，在正常的那一邊，可以促使一個人為了自己的理想而不屈不撓地奮鬥。在很多政治家的身上，我們可以看到偏執這樣一種氣質在正常譜系中的應用。他們不會對邪惡勢力妥協，一定要和邪惡勢力抗爭到底的決心，看起來很像是偏執狀態在有魅力的這一端的一種呈現。

可是，到了偏執型人格障礙這種狀態的時候，他們往往讓身邊的人無法「消受」他們的獨特性。

和偏執型人格障礙症患者相處是一件很不容易的事情，在他們的內在的精神結構裡，完全是透過投射在和別人打交道。而這個投射的主要內容就是：我自己是好的，而你是壞的。

我自己是好的，你是壞的。這樣的一種邏輯思維會導致怎樣的結果呢？就是身邊的人無論做什麼，都是有企圖的，都是在利用、剝削、迫害他；還可以說，你對他好也不行，因為那背後一定有陰謀，或者是要拋棄他的前奏；你對他不好那更不行，那簡直就是直接無視他的存在。而這樣一種感受，本來就是偏執型的人在童年時期最大的創傷，他要麼立刻無情地報復你，要麼記恨你很多年，也不會忘記。

是的，別的人受傷害的感覺是有時限的，比如邊緣型人格障礙症患者，雖然發作起來很瘋狂，但是也有很可愛的地方，你對他的傷害，有可能他轉過身或者第二天早上起床就忘記了。而如果你不小心得罪或者惹惱了一個偏執型的人的話，你就沒有這麼幸運了，他可能在 10 年以後，還會提起當年你曾經是怎樣欺負他、羞辱他或者是慢待他的。

(3)

偏執者的狀態，其實像是一隻驚弓之鳥。

什麼是驚弓之鳥呢？就是他曾經受過傷害，他還一直待在那個受傷

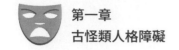
害的時刻,他還活在那個受傷的時間點。他無法面對時光的穿梭,回到現在,他一直在防禦,防禦有沒有人會繼續傷害他。為了避免被傷害時候感受到的低自尊或者是羞辱的體驗,他隨時都準備先發制人,這導致他不得不四面樹敵,或者時常四面楚歌,孤獨終老。

就拿希特勒來說吧,他就是一個典型的偏執型人格障礙的患者。在他小時候,他爸爸時常暴打和控制他,他的同父異母的哥哥忍受不了父親的殘暴,就離家出走了,希特勒也想離家出走的,但屢次被父親抓回來,然後關起來,不准他出門。有一次,他把自己全身脫光了,想著這樣方便穿過欄杆,結果被父親發現了,他趕緊拿床上的被單把自己光溜溜的身體給包裹起來,父親這次很意外地沒有暴打他,而是把他媽媽叫過來一起看他的笑話。這種體驗被希特勒視為一種羞辱,他把這個時刻記住了,並且很難從他的記憶中抹去……

成長起來以後的希特勒,對於別人的羞辱都具有一種強烈的條件反射和一種類似於驚弓之鳥一般靈敏的反應。

其實和重要他人的這些交往,會讓一個人產生一種過度的防禦,那就是,總是認為有一個人想來攻擊我、懲罰我,這個世界是如此的無情。那麼,我得把我自己保護好,不要讓自己再次遭受攻擊、羞辱,重蹈覆轍。在這個時候,「我是好的,而你是壞的」的理念會變得異常堅固。

你是壞的,那麼,消滅你,就是我的重任了。所以,希特勒式的戰爭狂魔就這樣誕生了。

案例中的小沛也是這樣的,她消滅別人的方式不是發動戰爭,而是我無視你的存在,我無視你為我做過的一切,我就是要和你抗爭,看看誰是勝利者。

　　小時候她和她媽媽鬥，她是失敗者；長大以後，她和同學鬥，和同事鬥，和老公鬥。沒有直接的輸贏，但是，她所有的關係都破裂了，誰是失敗者呢？

　　希特勒也是一樣的，他贏得了戰爭嗎？他贏得了身邊的女人嗎？他身邊的女人一個又一個地自殺，或者試圖自殺，她們以極端的方式拋棄了這個強權者，希特勒究竟贏得了什麼呢？

　　偏執者的世界是變形的，哪個人進來，哪個人就會被看成是變形的。

（4）

　　偏執者最核心的情感是恐懼和羞恥。

　　他們的恐懼多半和「被毀滅恐懼」相關，在年齡太小的孩子那裡，他們無法辨識父母的意圖中攻擊和傷害自己的出發點帶著父母本人的人格缺陷，他們只是感覺到父母很厭惡自己。這種厭惡達到一定的程度，比如父母透過軀體虐待或者語言虐待來反覆傷害孩子的時候，孩子感受到的就是父母大概是想把這樣一個不受歡迎的孩子給滅了。

　　帶著這樣的恐懼，偏執型人格變成了一隻驚弓之鳥，他隨時都在提防，隨時都在觀察誰可能背叛他，可能傷害他，可能詆毀他，可能報復他。在這樣緊張的狀態下，這一類人一般都會伴隨著軀體上的疾病，比如胃病、肝病之類。

　　他既然是如此地恐懼，那麼，消除恐懼的最好方法就是，我先發制人去預防我可能會受到的傷害。所以，他會主動出擊，他絕不能坐以待斃，他開始行動的時候，那個預想中的人就會感到被他傷害了。

　　看到沒有，這裡有一個內在現實和外在現實的真實差異。

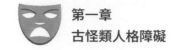
比如：小沛的老公其實是沒有外遇的，這就是一個外在現實，但是在小沛的心中，老公就是對她不滿，不喜歡她，老公隨時都在尋找比她更好的女人，這就是小沛的內在現實。這個內在現實和外在現實是不一致的，但是，偏執型人格一般意識不到這一點，他們是直接把自己的內在現實當作外在現實來發難的。

關於羞恥的體驗，偏執型人格的撫養者一般都喜歡羞辱自己的孩子，但是在父母那裡，他們沒有覺得這是羞辱。他們覺得，他們的父母也是這樣對待他們的，他們的父母也是這樣和孩子互動的，只是調侃一下自己的孩子，或者讓孩子去看他自己錯誤的地方，這哪裡是羞辱嘛？

但是，在一個自尊心系統還沒有完全建立起來的孩子那裡，在一個自尊心系統還非常脆弱的孩子那裡，他們很容易受到父母的言行的影響，他們會把父母的整個評判系統內化，從而成為自己對自己評判的一個重要參照點。

所以，這樣的孩子常常體驗到自己是無用的，自己是無能的，自己是不可愛的，沒有價值的，這個東西在大部分的人格障礙症患者身上都有。但是偏執型人格採取的措施和其他人格障礙症患者是不一樣的。為了避免自己體驗到這個部分，偏執型人格會把這個東西投射出去，讓外界的人來感受這個東西，而自己卻完全遮罩自我來承擔這個部分。這樣做的結果依然是：我自己是好的，而你是壞的。我自己是有能力的，是你笨，是你無能。

所以，偏執型人格容易形成一些過度強調的信念（overvalued ideas），他們覺得自己很完美，自己能力強大到不行了，自己可以為身邊的人帶來命運的神奇轉折，自己可以為別人承擔很多的重荷。

這就是偏執型人格消除他們的羞恥感的辦法。但是這個辦法只能是

一個緩衝之計，他們最終還是得面對自己吹起來的氣球癟下去之後的尷尬。這個時候，他們很可能會陷入深深的內疚之中，憂鬱症症狀也常常在這個時候來光顧他們。

（5）

在克萊因（Melanie Klein）的理論裡，實際上，我們每個人身上都是帶著一部分偏執的特性的，同時又帶著一部分憂鬱的特性。這兩種特性是克萊因理論中最著名的兩個位態，即偏執－分裂心理位置（paranoid-schizoid position）和憂鬱心理位置（depressive position）。

偏執－分裂心理位置是什麼意思呢？就是 6 個月以前的嬰兒，在媽媽不能滿足他的某些時刻，他會感覺到「媽媽是不是想要自己死」，因為他餓得眼睛都花了，或者孤獨得感覺不到自己的存在了，媽媽都還沒有出現。這個時候，這麼小的嬰兒是無法解讀媽媽的狀態的，比如媽媽上班了，把他交給一對老人在撫養，而那對老人喜歡打麻將，總是無法及時地出現在他的面前。這個時候的嬰兒，不論是生理上的需求還是精神上的需求不能被及時滿足的話，他都容易產生一種被毀滅的焦慮，如果這樣的現象發生的機率比較高的話，這個嬰兒就容易形成偏執的人格特色。

6 個月以後，嬰兒漸漸地可以整合媽媽在他心中的印象了，雖然媽媽有時候顧及不到他的需求，但是，大部分時候還是會及時地滿足他的需求的。這個時候，嬰兒將進入憂鬱心理位置，他能夠在內心接受媽媽有時候不在場，並且堅信媽媽的愛還會回來。但是，因為媽媽某些時刻的不在場，嬰兒體驗到的是短暫的喪失，他要讓自己接受這個喪失，這就是憂鬱心理位置的來源。

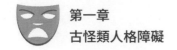
人長大以後，其實都會反覆地在偏執和憂鬱的兩種狀態中搖擺：那個人對我的態度有變化，他是不是不喜歡我了，要拋棄我了啊？如果是堅信，很可能掉入偏執；如果只是質疑，質疑完了還是在等待，那就是憂鬱。

憂鬱者在感覺到對方的態度有所變化的情況下，是可以整合對方對自己的情感的，他頭腦裡會回想起對方還有許多對自己好的部分，然後用這些部分去整合對方此時此刻對自己的某種侵犯或者是忽視，最後形成一種綜合的感受。

偏執者在感覺到對方的態度有所變化的情況下，很難整合大腦中那個人其實還有許多對自己好的部分，只要那個人惹到他，那一定是對方已經變心了，已經要對他不利或者要拋棄他，迫害他了。所以，他馬上把自己的全部身心狀態調整為備戰狀態。在這裡，我們可以看到很多在產生作用的原始創傷所形成的條件反射的痕跡。

（6）

偏執型人格障礙症患者很少求助心理諮商，因為他們覺得自己沒有問題。哪怕他們的人際關係歷來都非常慘澹，他們也認為那是別人的問題，即便是和所有的人都背道而馳，他們依然認為是別人的問題。

即便這類人中有為數不多的人走進心理諮商室，他們也會因為對諮商心理師充滿了戒備、貶低以及極度的不信任，而導致諮商關係的建立充滿了困難。諮商過程也常常是一波三折。

但是這並不意味著偏執型人格不能改變，透過心理諮商，或者是透過親密關係，重塑人格特質是可能的。

第一，要理解偏執型人格在偏執背後所隱藏的恐懼。要理解這種恐

懼多半是包裹在憤怒的外衣之下的。理解了這一點，偏執型人格的防禦可以很迅速地瓦解。

第二，當偏執型人格表達對別人的抱怨時，如果此時能做到不與他的偏執針鋒相對，而是著重向他表達理解別人如此對待他而導致他的憤懣情緒，那麼他的怨氣也會消散。指明他的情緒喚醒狀態並積極尋找導火線，通常可以制止偏執行為。如果身邊的人能夠深度體察偏執型人格的傷痛，並給予溫柔撫慰，那麼偏執的陰霾或許會雲開日出。

第三，要學會區分思維和行動的界限。一些偏執型人格會誤把自己的具有攻擊性的想法和念頭理解為自己是已經付諸行動的，從而出現強烈的內疚。事實上，允許自己出現惡念，並坦然地接受自己可以擁有惡念，透過惡念來表達自己的憤怒，但是不必透過付諸行動來表達惡念，也是偏執型人格成長的一個方面。

第四，要學會整合性地看待一個人。比如：在感受到對方的敵意的時候，頭腦裡還要去搜索他之前對自己友好、善良以及關愛的那些部分，然後把這些相互矛盾的資訊中和一下，再來整體性地感受一個人真實地對待自己的那個部分。

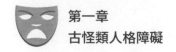
思覺失調型：無法化解的心結

夏和甄，女，56 歲

　　每天早上，她要出去買菜，這樣的一段路，對於她來說，是很難得的一個可以活動活動的機會，然後回到家，收拾菜，之後自己弄給自己吃，因為沒有人會吃她弄過的菜。

　　她在下午休息的時間比較長，一般都在昏睡。醒來的時間裡，卻顯得很忙的樣子，總是把她的小房間裡幾十年來積攢的那些東西收拾來收拾去。其餘的時間則是躺在床上看電視，

　　她的孩子們無數次對她說，「妳晚上出去散散步，跳跳自由舞吧」。她以前是這麼做的，但是，自從她老公去世以後，她把她所有的行李從自己家搬到大女兒的這套房子之後，她就再也不願意出門了。

　　其實，準確地說，在幾年以前，她老公罹患了腎衰竭之後的一段時間開始，她就沒有了晚上出去活動的習慣了，她有一些在兒女們看來非常莫名其妙的理論，她說：「別人會說，妳看，妳老公都要死了，妳還出來浪。」有時候她又說：「別人會說，妳老公都生病了，妳出來跳舞，是巴不得他早點死吧。」

　　兒女們對她的內心活動都很熟悉，知道這些都是她臆想出來的，沒

有人真的這樣對她說。兒女們還是很關心她的，知道父親的病只是在拖時間，希望她不要去管父親的病，把她自己的生活過好，兒女們就很開心了。

她老公去世之後，她就徹底地把自己封閉起來了。這麼說，好像她和她老公有很深的感情似的，其實不是的。

在她的腦海裡，有很多非常奇怪的想法，都是一些別人會對她不利的想法，她覺得，她老公得了腎衰竭，是一件容易被別人看成笑話一樣的事情，她老公去世了，別人就更容易欺負她。因為這樣的緣故，所以她把自己封閉起來，再也不願意出去面對人群。

雖然在這之前，她和外面的人的交往也是存在諸多障礙的，但還不至於完全沒有這方面的興致。從她老公生病到去世，在這個時間段，很明顯地，她徹底地把自己和人群隔離了。

她老公去世以後，她就搬到大女兒家裡去了，原因之一，她根本無法住在她老公去世前住過的房子裡，原因之二，她無法一個人生活，身邊必須有人陪伴著，她才能正常地呼吸，否則她會陷入巨大的恐慌之中。

從她的內心來說，她對人是缺乏真實的感情的。雖然她身邊的人在過去的歲月中，在生活上都極端地依賴她，她承擔了幾乎全部的家務，她照顧著一家人的所有生活。老公和孩子們也曾經把這些看成是她愛他們的表現，但是，深入到她的內心之後，不得不承認，她對他們在生活瑣事上的付出，僅僅是一種精神官能症性的需求。

她常常在兒女們面前反覆述說自己對兒女們的付出，讓兒女們產生對她的很沉重的愧疚，然後她對兒女們的諸多關於婚姻和擇業的事情進行控制。兒女們為了表達對她的孝順，也很配合她的控制，而且把這些

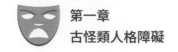
看作是孝順媽媽和回報媽媽。

她在付出的時候總是有諸多抱怨和不滿，尤其是對她老公，她沒有一天不辱罵和恥笑他。她老公是那種逆來順受的性格，大多數時候也只有聽著她的辱罵，有時候實在氣不過就酗酒解悶，他常常在半夜三更喝悶酒。

所以，當她老公生病之後，她由於慣有的牽連思維，對於她老公生病這件事情產生了很多的懼怕。奇怪的是，她不是懼怕她老公的身體，她老公可能會離開，而是懼怕別人對這件事情的看法。因此她整天躺在床上，進入一種強迫性的思維之中無法自拔。在這樣的強迫性思維之中度過了大約兩年多，她老公去世了。

在她老公住院的兩年多時間裡，她很少去醫院，幾乎全部是大女兒和二女兒把照顧父親的事情扛了下來。

儘管這樣，她還是終於承受不住那樣痛苦的強迫性思維，而在心裡希望她老公可以盡快去世。為此她還去找過會通靈的「仙姑」，算出她老公大約什麼時候會去世，而她也以為那個時間就是她能夠解脫的時間。

但是，當她老公真的去世的時候，她又陷入另外一種惶恐之中，她無法區分先前去請通靈的人來計算老公去世的時間以及自己期盼老公早點死去的念頭和事實上的行為之間的區別，她會覺得她的「邪惡」念頭都可能導致老公早一點去世，所以她機械的超我怎麼可能輕易地放過她自己？她遁入了無邊際的自我折磨之中。她認為老公一定會來報復她，即便老公去世後她馬上就搬到了大女兒的住處，她依然嚇得再也不敢在晚上出門。

她一直是一個有著黑暗恐懼症（nyctophobia）的人，在她老公去世之後，這一切就達到了一個鼎盛的狀態。也是因為知道她的這種個性，所

以孩子們不會讓她一個人居住。

儘管這樣，每天她都會對大女兒說，晚上早點回來。因為知道她害怕，大女兒一般都是在天黑之後不久就回到家，有時候加班的話，媽媽的電話一定會打過來：「妳怎麼還沒有到家啊？」大女兒很無奈，一年之中，只能出去打兩三次麻將，有時候和朋友聚會，都搞得匆匆忙忙，心慌慌的。

她不敢打電話給大女婿和大孫子，他們沒有她大女兒脾氣好。

她有時候也會提到感覺到老公在她的房間，她不經意抬起頭來的時候，恍然一看，彷彿門那邊有一個人。當然她仔細一看，也知道那裡其實一個人也沒有。

在她住的那間臥室，她幾乎每天都在偷偷地燒香，把大女兒窗臺上栽花的那些花盆裡，都插滿了竹製香籤。她所做的這些事情從來不講給大女兒聽，只是女兒偶爾進媽媽的房間，在清理那些花盆的時候，看見自己曾經栽種的、活得好好的花，都被母親的香籤插死了，女兒心中感到了痛，兩種的痛。

她再也不敢在晚上出門了。除非有人陪著她。

後來她搬到 A 市和小兒子一起住，A 市的這套房子是個電梯公寓，而且他們那一層就住著他們一家人，樓道很長很黑，當發出聲音的時候，燈就會亮。整體說來，沒有一般住房的那種樓道通透敞亮，她的腳又不太方便，雖然住在四樓，上下樓她也總愛坐電梯，下了電梯，又是一個很大的黑暗空間，也需要發出聲音，才會有燈亮起，燈經常還會壞掉。這嚴重地限制了她想要走出去的願望，除了早上出門之外，一天的其他時間，她都一個人待在家裡。

她喜歡嘮叨，所以時常打電話給大女兒，說：「我伺候了我媽媽幾

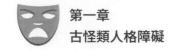
年，我媽媽才去世的，我對我媽媽的死一點都不害怕，我還沒怎麼伺候
妳爸爸，不曉得我怎麼這麼害怕他……」

大女兒安撫她說：「我爸爸是那麼一個寬厚的人，妳和他生活了一輩
子，妳還不了解他嗎？妳總是罵他沒脾氣，不長記性，不管誰跟他起衝
突，轉個身，他就忘記了，何況妳是他的妻子。不論妳曾經怎麼希望他
去世，甚至為此做過什麼事情，他也知道妳的精神狀況和性格，不會和
妳計較的，更不會來報復妳的。」

說完這句話，大女兒心裡就明白，媽媽哪裡是在揣摩爸爸會怎麼
「報復」她？爸爸根本不是那樣的人，爸爸是大女兒見過的這個世界上最
沒城府的、最善良的人。媽媽完全是因為對去世前的爸爸不管不問，而
且自己產生了某些見不得人的念頭，甚至去企求「仙姑」算出爸爸去世的
時間，好讓自己有一個解脫的日期，也許還不排除媽媽當時可能是燒香
企求過爸爸早登極樂，不要再繼續這麼折磨她；但她又意識到這樣的念
頭不善良，所以在爸爸去世以後，她把報復自己的念頭投射給了死去的
親人，認為對方一定不會放過自己……

大女兒知道，要解決媽媽對爸爸的恐懼，必須要讓媽媽的內心和死
去的爸爸和解。大女兒要讓她相信，爸爸的一生都不曾和任何人計較，
爸爸願意包容和原諒她對他的一切念頭和做法。爸爸是愛她的，爸爸如
果地下有靈，也是希望她可以好好地活下去的。

然而，她是一個特殊的女人，她無法信任任何人，任何人的言語都
很難真正地進入她的內心。就算是她的兒女，她在這個人世間還算是真
正依戀著的人，他們的話她都是難以聽進去的。

所以，很明顯的，她依然生活在恐懼之中。

一整個下午，她都在昏睡之中，要睡到下午4點或者5點多才會醒

來，弄好自己的晚飯，吃完之後，又上床去躺著看電視。大約晚上 9 點多 10 點睡覺，但是，也是因為害怕，即便已經睡著了，電視還大聲地開著。

不論是下午還是晚上，她入睡之後，都會發出非常嚴重的鼾聲，以至於孩子們經常會感覺到她睡眠中的呼吸是一種具有危險性的行為。

兒子的這間房子在四樓，對著社區的中庭，有著非常美麗的綠化帶和各種花木，很多老人和小孩就在中庭的大面積花園旁的小徑上活動，或者坐在木製的板凳上舒服地晒晒太陽，或者互相聊聊天。

兒子很希望自己的媽媽可以走出去，和她的同齡人一起說說話、聊聊天，身心或許可以健康一些，或者在晚上可以和她們跳跳舞，大女兒也希望她能夠身心健康地活著。尤其是媽媽這幾年身體機能衰退得非常厲害，「三高」症狀在爸爸去世之後都出現了。

......

仔細回顧她的這一生，她沒有一個朋友。她年輕時在偏鄉擔任過志工，由認識了一個關係不錯的姐妹；在讀高中的時候，有一個還過得去的同桌。但是，在她心目中，這些朋友都是拿來利用的，她們得關心她，來看她的時候手上得提著東西，甚至塞給她一筆錢，誰塞得多，她就更喜歡誰。所以，這幾十年來，她其實是沒有一個朋友的。

她一直在搬家，從年輕時候開始，就一直在轉換地方生活，每到一個地方，過不了多久她就會把鄰居關係弄僵，她總是覺得別人在針對她。

她的婆婆也是一個脾氣極好的女人，可是她和婆婆之間時常鬧矛盾，然後她就會把婆婆攆跑。有一次她去買菜，看見婆婆在和樓下的鄰居聊天，婆婆看見她來了，起身就離開了，她回家之後，越想越不對。

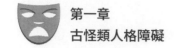
從此，每當她經過樓下，看見那個和婆婆聊過天的女人和別的女人在一起閒聊，她就感覺她們在議論自己家裡鬧矛盾的事情，議論自己對婆婆不孝順。後來她實在受不了這種感覺，就去找了一間新房子，搬走了。

她新搬的地方其實還不如原來的套房，但是只有兩戶人家，另外那家人時常不在那裡住，所以就相當於她一人社區，這正符合她的心意。所以她在那間房子裡住了很多年，直到後來都更才離開。

她有一段時間熱衷於跳自由舞，但是她只想當老師，對其他人指手畫腳的；她不喜歡被人當成學生，來跟著別人學習。

那個時候，她出門總是要畫一下眉毛，每次她都把自己的眉毛畫得很濃，而且還有點奇特，完全不適合她已經快 50 歲的年齡。孩子們都對她提出過自己的意見，但是她似乎天生具有無視別人話語的能力，或者說她並不關心別人怎麼看待自己，依然還是那樣畫。所以這其實很矛盾，畫眉毛是為了好看，是為了讓別人看到自己美好的一面，但是當有人回饋那樣並不好看的時候，她是怎麼可以做到不去管別人的眼光的呢？

有時候，她完全活在別人的眼光裡；有時候，她完全無視別人的眼光，她在這兩極之間分裂。

她有好幾個哥哥姐姐，但是她對他們毫無感情，她如果要和他們親近的話，那只有一個前提，就是他們給她錢的時候。她會拿一些自己不想要的東西作為禮物去送給哥哥姐姐，然後從哥哥姐姐那裡換回來一些錢。儘管這樣，她心中還是充斥著對哥哥姐姐的恨意，因為他們在她最困難的時候沒有想辦法幫助她，而她不會去想，在她最困難的時候，她的哥哥姐姐的條件也不好。

▌對思覺失調人格障礙症的解讀與調適▌

（1）

　　1940 年代的一個晚上，一個 26 歲的年輕男子溜進一個 2 歲多的幼女的房間，抱走了這個小女孩。原本旁邊是有個奶媽的，但是這個奶媽去廚房做事了，所以男子抓住了這個機會……

　　他等這一天已經很久了，每當看見三姨太的肚子隆起，他就會試圖去做點什麼。當然，每一次都是藉酒醉的時機，最離譜的時候會去踹三姨太的肚子，有一次甚至拿出手槍在懷孕的三姨太面前比畫。當然，三姨太也就如他所願順利流產了。

　　他是二姨太生的最大的兒子，也是父親最寵愛的長子夏大楷，他在專科畢業以後，順利地進入政府機關做了一名公務員，他在這個大家庭裡的地位無人能及。所以他可以做出許多匪夷所思的事情來而不顧及會有什麼嚴重的後果。

　　夏五爺的第一任妻子是一個沒有生育能力的女人，而且一直是病懨懨的，所以夏五爺才娶了第二任太太。第二任太太嫁過來之後，很順利地就生下了他這個眉清目秀、聰慧能幹的長子。但是，很奇怪的是，從他出生以後，他媽媽沈夫人卻無法懷孕了，這讓這座城市裡的首富兼橫跨商界政界的風雲人物夏五爺覺得不能接受。剛好在某一年，正房夫人去世了，於是夏五爺娶了三姨太。

　　從此，二姨太和三姨太的戰爭一直持續不斷，戰爭的主題是誰才是正房。因為按照當地的習俗，夏五爺娶三姨太是來填房的，那麼三姨太就應該是正房。但是，二姨太堅定地認為是自己先來到夏家的，自己理所應當接替死去的大夫人成為正房。兩個太太為了這件事情爭執不斷，

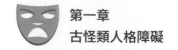
明爭暗鬥，做出許多暗地裡彼此傷害的事情來。

三姨太自從嫁入夏家，很順利地每隔一年多就要大起肚子一次。這讓二姨太感到自己在這個家庭裡的地位岌岌可危。二姨太總體來說還算是一個性格溫和的女人，但是，夏家有如此大的一份家產，老公又是如此優秀的一個男人，兩個女人怎麼可能停息彼此之間的競爭呢？這場競爭還把雙方的孩子都牽扯進來了。

夏大楷每次看見三姨太懷孕，就要想方設法地找碴，三姨太的孩子有些是生下來不久就莫名地死去，有些則在長到幾歲的時候死去，最後存活下來的，就是老四、老六、老七、老八、老九、老十以及後來的第十三和第十四個孩子。

夏大楷抱走的這個小女兒，是三姨太的第十三個孩子。他把她抱著，小女孩還在熟睡，並不知道這個同父異母的哥哥準備把自己丟到溪裡去。雖然都是在一個屋簷下，但是十三妹知道家裡有一個很可怕的哥哥，一旦酗酒後就什麼人都不認，總是欺負自己和自己的哥哥姐姐。

夏大楷已經把這個小女孩抱到了堤岸邊了，一陣冷風吹醒了十三妹。十三妹一看自己正被大楷抱著，然後旁邊又是湍急的溪水，十三妹嚇得小便失禁，然後拚命地掙扎起來。

一陣冷風可能也把大楷的酒意吹醒了不少，之前在看著懷裡的小女孩的時候，他已經有了一些不一樣的體驗。這個女孩是夏家的孩子，和他身上同樣流著夏家的血脈。而且，小女孩也是如同他一樣的眉清目秀，他們都有著如同父親那樣彎彎的柳葉眉，雖然他的很濃，女孩的很細，但是那個彎的弧度和形狀，是那樣相似。女孩睜開眼睛的那一剎那，那黝黑的眸子裡透露出的純真，一時間擊中了大楷，雖然隨後就是女孩驚恐的眼神，但是大楷從這驚恐的眼神裡讀出了一些什麼，他被這

個眼神震懾住了……

就在大楷猶豫的當下，女孩使勁地掙脫了大楷，往家的方向跑。這個時候，奶媽和媽媽都找到長江邊上來了……

三姨太不敢再把十三妹接回自己的家中，就去找到好友曾氏說：「看看么姑在妳這裡待得習慣不習慣，晚上哭不哭；如果待得習慣，就讓她在妳這裡生活幾年；如果不習慣的話，我再來把她接回去。」

曾太太是三姨太麻將桌上的好朋友，曾氏一直沒有生育，嫁給曾先生以後，就和曾先生前妻的幾個孩子生活在一起。所以，面對這個突如其來的女兒，曾氏很開心地接收了。

很奇怪，十三妹來到曾家以後，晚上並沒有哭鬧。於是，十三妹成了曾家的孩子，家裡也有一些哥哥姐姐。

曾太太是一個脾氣非常溫和的女人，對待十三妹非常溫柔，家裡的幾個哥哥姐姐對待十三妹也沒有像夏家那樣變態的行為。兩相比較之下，十三妹覺得這裡反而要好些，但是，那些完全沒有一點血緣關係的哥哥姐姐，十三妹和他們相處也會有隔著一層紗的感覺。

六歲半的時候，三姨太來跟曾太太要孩子，理由是十三妹該上小學了，而且，曾太太還有一個不好的習慣，比如抽鴉片，三姨太怕這個影響到自己的女兒。曾太太和三姨太理論了一番，發現自己說不過三姨太，最終就放棄了。

十三妹跟著媽媽回到了自己的家，開始了上小學的生活。每天放學回家，十三妹都會參與到兩個太太的戰爭中去，兩個太太有時候會在家裡四合院的天井裡吵架，十三妹也會跟著媽媽一起罵沈氏。三姨太原本只是一個很單純的女人，但是嫁進夏家以後，在這種和別的女人分享自己老公的畸形關係之中，她變成了一頭母老虎，一頭隨時準備吃掉對方

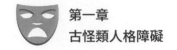
的母老虎。十三妹體恤媽媽的情感，也跟著媽媽變成一頭小老虎了。

夏五爺是一個脾氣性格懦弱的人，兩個太太吵架，他從來都只是躲進自己的房子裡去，大部分的時間他也不在家裡，即便在家裡，他也不想參與進去。

有一次沈氏在快洗好的一缸衣服裡，發現有尿漬，後來證實是十三妹倒進去的，大楷隨後就去十三妹的學校裡告狀了，十三妹被罰寫悔過書。但是這沒有什麼用，因為隨後十三妹就學乖了，知道要如何收拾沈氏而不會暴露出來⋯⋯

除了小兒子，三姨太這個時候身邊只有兩個女兒，就是十三妹和她的十姐，十姐上面的那些孩子，四姐已經出嫁了，六姐和七姐十幾歲的時候就去參軍了，八哥和九哥都在讀大學。

在這兩個女兒中，三姨太很明顯地表現出對十三妹的偏愛，雖然是到六歲半才把這孩子接回來，但是這孩子似乎特別的乖巧伶俐，懂得如何去討媽媽的歡心。這讓三姨太很得意自己堅持去曾太太那裡要回了這個孩子。

三姨太其實是一個對孩子沒有什麼耐心的媽媽，自己生的十多個孩子，都是生下來不久，就把孩子交給奶媽帶，每個孩子有一個奶媽，孩子們都是跟著不同的奶媽長大的，而她自己忙著社交以及和一些官太太打麻將。所以之前的那些孩子，對她都沒有很深的感情，而且出於對這個家庭裡的一些東西的反感，孩子們在有機會的時候，都離開這個大家庭遠走高飛了。唯一留在身邊的就是十女兒，可是這個十女兒，對待這個媽媽的態度通常都是敵對的和叛逆的。唯獨這個從曾太太那裡要回來的孩子，對待三姨太的態度卻是完全不同的，她會去幫媽媽和沈氏吵架，會幫媽媽做力所能及的家務，每當媽媽玩麻將累了回家以後，她會

立即去幫媽媽捶腰和按摩，因為媽媽頻繁生育，每次生完孩子，還沒有好好地坐完月子，就忙著去打麻將，所以落下了個腰痛的毛病。這是一個聰明的女兒，她很敏感地知道媽媽需要什麼，她總是能夠按照媽媽的需要去做一些什麼。

1950 年代初，夏五爺因為貪汙銀鐺入獄，全部家產被沒收。兩個夫人迅速分開居住，沒有多久，沉重的經濟壓力就落在了三姨太的身上。三姨太被迫改變闊太太的生活方式，到當地的醫藥公司上班。她的工作是熬製中藥膏劑，還常常加班，加班的業務她就帶回家來做，十三妹做完作業，就會去幫媽媽熬藥。

熬藥這個過程裡，還包括把一些沒有粉碎掉的中藥材放入一個木製的、如同小船一樣形狀的東西裡碾碎，然後熬製。十三妹除了要幫媽媽做這些工作以外，還要幫著媽媽做其他家務，包括帶弟弟和進廚房等事情。

而十女兒卻總是貪玩，不喜歡幫著媽媽做那麼多的事情，三姨太一看見十女兒玩耍，暴虐情緒就會馬上升騰起來，就要拿那把長長的雞翅木梳子打她，有時候甚至狂怒地拿出掃帚打她。但是十姐倔強地忍住自己的眼淚，絕不求饒地迎著媽媽的暴力，用她那獨立的眼神鄙夷地看著媽媽的瘋狂，她常常用眼神去瞪自己的媽媽，但是這依然阻止不了媽媽在心情不好的時候對十姐的懲戒。

三姨太過闊太太的日子習慣了，自己的孩子都沒有帶過，都是奶媽帶大的，孩子們和她本來就不親近，哪裡來的愛呢？但是現在，她一個人每天要去上繁重的班，回到家還有幾個小小的孩子要撫養，巴不得有人能夠替自己分擔一點家務，而留在家裡最大的這個女兒，習慣於看著她忙碌，自己照玩不誤，她當然要打她了。

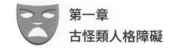
其實，才從曾太太那裡回來的十三妹，就曾經看到過媽媽打十姐，那個時候十姐還小，常常有一陣陣淒厲的尖叫聲傳到十三妹的耳朵裡，十三妹感覺到自己已經在戰慄。這個媽媽對於十三妹其實是很陌生的，本來在曾媽媽那裡生活得好好的，不知道這個媽媽為什麼突然要來把自己接回去，孩子只能被安排，沒有人會在她被安排的時候給她知情同意書。

面對一個陌生的、暴戾的媽媽，十三妹成了一個很乖的孩子，很小就懂得體恤媽媽，替媽媽分擔那怎麼做也做不完的家務。

很小的時候，這個孩子的日記裡就有了這樣一段話：我的心裡總是充滿了難以描述的悲戚，彷彿我在一個荒島，周圍雖然也是有人的，但是，就在這個荒島裡，沒有人可以進入我的心，那顆心裡沒有綠洲，其實也是一個荒島……

（2）

看完夏和甄的成長經歷，我心中很是感慨。

夏和甄大約是在兩三歲的時候，被自己同父異母的大哥抱到溪邊，準備丟到溪裡去淹死。這樣一個經歷可以導致一個人的偏執性格，就是感覺到總是有人要迫害自己，這不是幻覺，不是妄想，這是有真實的事實、一個基礎性的東西在那裡，為她後來的精神結構墊底的。

這個孩子為什麼會去曾太太家裡生活了兩三年的時間，這其實是一個謎，如果說是害怕夏大楷繼續迫害自己的女兒，那十姐就不怕這個危險了嗎？十姐雖然比十三妹大幾歲，更懂得保護自己，但是，這也不是一定要把十三妹送出去的理由吧！這裡顯然有一個東西是要發掘的，那就是媽媽的功能性缺失。

　　三姨太生下來十多個孩子，都是一出生就抱給保母或奶媽去撫養，媽媽即便在坐月子，也要去打麻將。所以，夏和甄第一次被抱養的原因，究竟是她道聽塗說來的，或者是親生媽媽加工之後的，還是真實的，根本就是不知道的。但這個不重要，重要的事實是，在她很小的時候是一個被自己的媽媽遺棄過的孩子，在養父母家待到上小學的年齡，媽媽又執意要把她從養父母那裡要回來。在這個事實裡，這個孩子實際上遭到了第二次遺棄，就是被迫離開已經建立起關係和感情的養父母。

　　無論多麼小的孩子，對於自己為什麼被遺棄，在內心裡都是有一個解釋的。但是，這個解釋裡，她不會去思考這是媽媽的問題，因為媽媽是她的心理和生理能夠生長的一個環境，如果環境是壞的，那麼這個孩子就會失去希望，孩子的世界就會坍塌。所以孩子只能去想，是因為自己是不可愛的，沒有價值的，所以才會被媽媽和養父母遺棄，他們不要自己了。

　　這樣的解釋給了孩子一個希望，如果我不斷地幫媽媽做事，不斷來討媽媽的歡心，那媽媽就應該會喜歡我，不會再拋棄我了。

　　她果真就這樣去做了，她果真也得到了在媽媽那裡存在的安全性，媽媽更喜歡她，而不是她的姐姐。

　　按照溫尼科特（Donald Woods Winnicott）的說法，她的真性自我已經死去，活著的只是為了贏得別人的關注，然後在關係裡才能存活下來的一具軀體，一具承載著假性自我的軀體。

　　所以，她的人生不再自由，她的心靈從此不再屬於自己，她只考慮要如何去占據著別人心目中的位置，然後不把自己遺棄。

　　當媽媽年老生了重病，並癱瘓之後的 5 年裡，一直都是夏和甄在艱難地照顧著媽媽。那時，她已經有了自己的工作和年幼的孩子，但她依

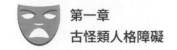
然非常艱苦地服侍了媽媽 5 年，直到媽媽去世。媽媽很胖，她一個人幫媽媽翻身都很困難，媽媽癱瘓在床，屎尿都在床上解，這麼沉重的照顧媽媽的擔子，留給夏和甄一個人來挑，別的兄弟姐妹都跑得遠遠的，因為他們和自己的媽媽缺乏感情連接。

按理，夏和甄在心底有可能對媽媽愛恨交織，她為什麼要對媽媽這麼好呢？

曾經被拋棄過的孩子，她最大的心願就是可以安全地留在一段關係之中。為了這個目標，她會犧牲自己的真實心願，只為了滿足那個對她很重要的人的心願，只為了能夠在那個人的眼裡重新看到自己。

可惜，媽媽還是看不到她，媽媽那個時候因為丈夫的離開，家道中落，經濟困窘，工作勞累，只希望這個幼小的孩子可以幫助自己分擔一些事務。這個重新接回來的孩子是那麼的乖，乖到她可以很放心地不去「看」她的需求。

夏和甄在 16 歲的時候罹患了嚴重的憂鬱症並且伴發了部分的精神病性障礙。結婚以後，因為家庭發生的一些變故，同樣的精神疾病再次爆發，幾年後，她的憂鬱症和精神病性障礙消失。但是，人格上的分裂狀態卻一直伴隨著她。

這些，她自己不知道，老公不知道，孩子們也不知道，大家只是覺得這個親人很奇怪，很多行為都不正常。

思覺失調人格障礙症（schizotypal personality disorder, STPD）應該算是所有的人格障礙裡最嚴重的一種了，只有這一種人格障礙症和思覺失調症（schizophrenia）的相關性是最高的，它甚至在某些時候被看作思覺失調症發作的前兆，或者是思覺失調症未發作時候的一種隱性的表現。

它和思覺失調症的區別大部分在於思覺失調人格障礙症沒有明顯的

幻覺和妄想，當然社會功能還能夠在一定範圍內正常發揮。

思覺失調人格障礙症的基本特徵是一種社交和人際關係缺陷的普遍模式，表現為對親密關係感到強烈的不舒服和建立親密關係的能力減弱，且有認知或感知的扭曲和古怪行為。始於成年早期，存在於各種背景下，表現為下列症狀中的 5 項（或更多）：

✎ 牽連觀念（不包括關係妄想）。

✎ 影響行為的古怪信念，或魔幻思維及與次文化常模（norm）不一致（例如：迷信、相信千里眼、心靈感應或「第六感」；兒童或青少年表現為怪異的幻想或先入為主觀念）。

✎ 不尋常的知覺體驗，包括軀體錯覺。

✎ 古怪的思維和言語（例如：含糊的、贅述的、隱喻的、過分渲染的或刻板的）。

✎ 猜疑或偏執觀念。

✎ 不恰當的或受限制的情感。

✎ 古怪的、反常的或特別的行為或外表。

✎ 除了一級親屬（指一個人的親生父母、子女以及親兄弟姐妹）外，缺少親密或知心的朋友。

✎ 過度的社交焦慮，並不隨著熟悉程度而減弱，且與偏執性的害怕有關，而不是對自己的負性判斷。

在思覺失調人格障礙症的診斷標準上有 9 條，在這 9 條的背後，其實隱含的是一個人對這個世界的恐懼、敵意和迴避。

夏和甄遇到很多事情都不會向丈夫或者孩子求助，這讓孩子們覺得她很獨立，但是到她老年的時候，她完全無法照顧好自己的生活，她後

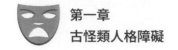
來還罹患了腦萎縮，連一支傳統型手機的打電話和接電話的最簡單的功能都學不會。但是，她依然要堅持自己一個人去做很多事情，這其實反映的是她內心對於求助這件事情的羞恥以及內在客體可能不會願意幫助她的一個固定的基模（schema）。

她唯一會開口的就是到了晚上，家裡沒有人的時候，她一個人就會害怕，才會打電話給孩子，讓他們早點回來。這是一種自體虛弱的表現，因為早期的客體都充滿了迫害性的色彩，所以一個幼小的孩子在這個世界上會感覺到極大的不安全感，感覺一些「神祕」的力量會來摧毀自己，所以她其實是生活在早期那種不安全的階段的。

她極端地自負，覺得什麼事情靠自己都可以搞定，不需要求助別人。同時她又極端地自卑，總是覺得別人在說自己的壞話。

這些都是她分裂的點，還有一個點是，她在家庭生活中完全不在意家裡的人會怎麼去想她的言行，她的言行裡隨時都有貶低、譏諷、嘲笑老公和孩子的地方，她讓他們精神上都很痛苦，她又透過不斷地幫他們做事來抵消這些恨的感覺。但是她在做事的時候充滿了抱怨，抱怨沒有一個人來幫助她，當真的有人來幫助她的時候，她又嫌棄別人做的不是她想像中的樣子，她又要把人攆跑。

她做每一件事的時候，在內心都有一個假想觀眾，她總是會去想那個人在看著她做事，會怎麼評判她做事，這些評判多半是負面的，和她在年幼時候幫媽媽做事，媽媽總是催促她，總是對她做的事情不滿意的聲音幾乎一致。

有時候情況又會得到一個逆轉，她會想像有一個人全神貫注地看著自己做了一件成功的事情，或者自己穿著打扮漂亮的時候，也會有這麼一個充滿溫情的人在看著自己。

她的穿著打扮時常是很奇特的，要麼會比較暴露，要麼又把自己捆綁成一顆粽子。她畫眉毛的奇特方式，似乎也是為了吸引別人的目光。

（3）

思覺失調人格障礙症患者很難自我調適，這是因為他們完全生活在恐懼和防禦之中，使用大量很原始的防禦機制來生活，他們和世界似乎是隔離的。但是，這並不意味著他們完全不可調適。

一些傑出的藝術家和名人，其實就是思覺失調人格障礙症患者。可見，人在分裂狀態下，反而可能會具有一些非凡的創造性。

如果他們和人打交道實在是太累，幹嘛一定要讓他們和人打交道呢？尊重他們的內在現實，有時候也是尊重這個心理疾病本身的存在。

當然，如果有一些自我調適的方法，能夠讓他們達到一定程度上的安心，也是可以採納的。

第一，增強內在的自我價值感。生而為人就是最大的價值。如果說在我們成長的過程中沒有充分地獲得這個部分，那麼在我們長大以後，我們要學著自己給予自己這個部分。學會肯定自己，看到自己這一路走來的不容易，看看自己經歷的那些喪失，感謝自己雖然經歷了那麼多，但是到今天還好好地活著。就這個事實本身，已經是一項了不起的成就了。

第二，尊重自己的感受。你不必過分地去討好別人，因為這會讓你內在的委屈感倍增。在你有了太多委屈感的時候，遲早會對你討好的人爆發。既然遲早都要爆發去惹惱他，不如平時就多關注一下自己的需求。

第三，不論什麼樣的人格障礙，其實內心都有想和人建立關係的需

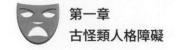
求。只是因為過往的關係模式太糟糕，他們內在很害怕人，所以才採取躲避或者隨時都準備攻擊他人的一些防禦措施。如果周圍的人可以看到這一點，多給予一些支援和鼓勵，他們還是有從殼裡走出來的勇氣的。

孤僻型：我值得被愛嗎？

盛春早，男，34歲，大學畢業，圖書管理員

他大學的科系是圖書管理學，畢業後就在這個圖書館工作，他曾經有過幾次機會可以被提拔，但是因為他古怪的、不怎麼和人交流的性格，使得他錯過了那幾次被提拔的機會，而一直從事著最基層的圖書管理員的工作。

他曾經有過幾段短暫戀愛的經歷，但是最終都因為他無法解讀出女友的一些隱諱訊息而遭到對方的疏遠，所以，一直到34歲，他依然是孑然一身。雖然和父母住在一起，但是他時常覺得自己的內心非常孤獨。

他在個人衛生上似乎也缺乏一定的打理，尤其是在夏天的時候，如果有人靠近他，會聞到一股明顯的味道。隨著諮商的進行，他開始一段新的戀情之後，這個現象有所好轉。

他來諮商的原因是因為他很想保住這一段戀愛關係，但是他發現自己在戀愛中依然很笨拙。他在面對她的時候常常說不出什麼有趣的話語，他只能跟隨對方的話題來回應，而且回應也顯得無趣、呆板和機械。

他常常在離開她以後，去仔細地思索自己曾經說過的話，會不會讓她不再喜歡自己了。比如有一次，他們一起去打桌球回來，他表示覺得

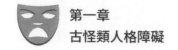
女友的這支桌球拍很不錯，女友說：「你要是喜歡我這支球拍的話，我就送給你好了。」那個時候，他們才剛開始戀愛不久，他覺得拿她的東西很不好意思，就說：「算了，我回去自己買一支。」

就因為這句話，他竟然一個晚上失眠了。他陷入了沉重的自責之中，他覺得女友是好意，自己辜負了女友的好意，自己的自尊心很脆弱，怕拿女友的東西會讓她覺得自己愛貪小便宜，怕在女友心中留下不好的印象，所以就沒有看到女友的善意，拒絕了女友的好意；女友會不會認為自己虛情假意，明明的確是喜歡那支桌球拍的，但是卻拒絕了她。

當然，上面的這段話是在諮商的過程中，諮商師和春早一起回顧之後的一個更準確的描述，而在這之前，他對這個事件的感知是模糊而大概的。隨著諮商的進行，諮商師把他內心的感受進行了提煉，再回饋給他而得出了這些更為細膩的感受。下同。

他在失眠的那個晚上，對於他們的關係充滿了擔憂。在他的幻想世界裡，女友可以清楚地洞悉和知曉他的念頭，然後會討厭他，拋棄他。他無可逃遁，只能被動地等待女友的宣判和懲罰。

當然，他在和女友的對話中，還是能夠識別出女友的好意以及他自己在潛意識之中害怕接受對方的好意的一種擔憂。那種好意裡面似乎帶著一種吞沒，他回想起來，在面對類似的事情時自己都有一些這樣過激的反應。

還有，他對自己的一句話，對女友好意的一個拒絕，這樣很普通的事件上所體驗到的巨大的內疚和自責，常常會使他懷疑在那個感受之下，會不會有更深沉的對對方潛在的攻擊性。

第二天他傳 LINE 訊息給女友，女友很長時間都沒有回覆他，他那一天在圖書館裡沒有辦法做任何事情，心慌得一直在一張紙上胡亂塗寫。下班的時候，他發現自己竟然塗寫完了整整一個本子。

下班後他慢慢地走到女友的公司，他希望看到女友，但是又怕看到女友。突然，女友出現在公司的門口，他剛想扭頭躲避，女友就叫他的名字，說：「我今天手機沒電了，忘記帶充電器，你有沒有傳訊息給我啊……」

他們一起去吃晚飯，女友對待他的態度毫無改變。

女友其實有很多不好的習慣，比如高消費、貪慕虛榮、不懂節省，身體還罹患了一種慢性疾病。但是，他認為這些都無所謂，經過了那麼長時間的孤獨，他只想有一個人來陪伴自己，自己在這段關係裡能夠「存活」下來就可以了。

但是，在關係中的忍耐，對他來說也是一門很不容易的功課，他默默地為女友的高消費買單，花光自己每個月的薪水，還要跟父母要錢。好在父母知道他交女朋友不容易，從他工作以來依然持續給他經濟上的補貼。

他每次去跟父母要錢的時候，心中還是有一股很強烈的對女友的怨氣，憑什麼都該我為妳付出，妳自己的薪水卻拿去存起來？什麼都要我幫妳買……

但是，他下一次和她在一起的時候，還是會自覺買單。

有一次他們一起去國外旅遊，其中某一天的行程是他安排的，然而臨到出發的時候，他發現他預訂好的交通工具不行，這個時候他急得抓耳撓腮。他撇下女友和她的兩個朋友，走到旁邊的走廊上快速地走過去走過來，那種不加掩飾的緊張和焦慮，讓他的女友和朋友們都驚呆了。

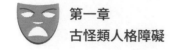
在諮商中他說道:「那時我覺得自己彷彿犯下了彌天大錯,不知道會得到什麼樣的懲罰。」

諮商師問他那麼著急的原因是什麼,他說是自己沒有考慮周到;諮商師問他沒有考慮周到的最壞結果是什麼,他說他知道沒有什麼,這種交通工具不行了,換一種就可以了,或者直接返回旅館,再重新設計線路。

後來討論的結果是:那時使他的情緒瀕臨崩潰的最根本原因是怕丟臉。

後來女友和她的家人說了他們兩個的戀愛關係,雙方父母都見面吃飯了,這一段感情似乎算是得到了雙方家長的同意。

但是,他內心一直有一個聲音告訴他,那個女孩是迫於父母的壓力才和他交往的。因為女孩的父母意識到他工作很穩定,收入還可以,又是一個典型的「妻管嚴」式的男孩,女友的父母和他接觸之後表示還滿喜歡他的。

他有很多這個方面的幻想,而這些幻想統統指向他是一個不會被女友真正喜歡的類型的男孩的自體意象。

這種自體意象發展到一定時候,就衍生出了新的片段。

某次他們約好週末一起去日月潭玩,但是女友在週五晚上打電話來說第二天她要加班,他非常固執地認為女友其實是答應了他們公司裡另外一個男同事的約會,因為他在前幾天偶然間發現了那個男同事在 LINE 上問女友週末怎麼安排。當他看到那句話的時候,可以說是怒火中燒,雖然他知道那個男同事和女友是一個辦公室的,而且兩個人平時說話就很隨意,但是,她和自己是戀人關係了,男同事再出現的話,他感覺自己隨時處於危機之中。

在諮商裡，他說：「我根本不相信女友會真正喜歡我，她和我接觸究竟是為了什麼……」他沒有說出的那句話是：「我在她眼裡，應該什麼都不是，我怎麼可能會吸引她呢？」

我能夠感覺到他極低的自尊心水準在影響著他的判斷。果然，他去女友的公司，女友是真的在加班，他在她公司門口看到了女友的車，他才放心地離開了。

女友有一次住院，他知道了，但是那時女友的手機又突然沒有電了，他無法聯絡上女友，就一家一家醫院去找，依然沒有找到女友。後來女友的同事把充電器送來給女友，女友打電話給他，他才見到女友。女友見到他卻是責怪，怪他不該那樣傻，在大熱天那樣到處跑，他只需要等一段時間，她自然會打給他的。

他心裡覺得很委屈：「我怎麼知道要等多久，妳的電話才能通？」但是，他不敢表達自己的委屈。

第二天，他在家裡熬湯，熬了很久，熬好了，他提到醫院去給她，女友卻說：「我得的這個病，是不能喝這種湯的，之前跟你說過的嘛……」

他後來回想起女友是在一次電話裡跟別人說到她的病不能喝有這個食物的湯，但是並沒有跟他說過，只是當時女友打電話的時候他在場。因為女友是在跟別人說，他隱約聽到，所以就沒往心裡去……

他想替自己辯解，但是話幾次到嘴邊，都咽了下去。但是這份不舒服伴隨著他，使得他在隨後對女友的照顧中充滿了情緒，女友當然看出來了，就叫他離開，女友的臉上滿是慍色，他很惶恐地離開了。

這還得了？在和女友交往的短短的 3 個月裡，不管在什麼地方，他都是無條件地接納女友，似乎他在關係中無限地卑微，卑微到了塵埃

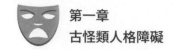

裡，卑微到了只要妳願意留在我身邊就好，其他的我都可以。雖然有時候心中有不滿，但是總是因為害怕女友的離開而沒有表達出來。

他跟諮商師說過：「我一直覺得自己內在的感受是空的，只有我和我的女友待在一起的時候，這種空的感覺才會緩解許多，我不能失去她。但是我感覺如同我前面幾段感情一樣，我最終還是會失去她，我無法想像我如果失去她會怎麼樣……」

這次戀愛開始以後，如同前面幾次戀愛一樣，他一遇到對方的態度有所冷淡或者不明朗的時候，就會在家裡哭泣，他在感情路上的坎坷和總是無疾而終，似乎在向他提示著一些什麼，而這些東西使得他內在的那種空的感覺更強烈了。每當這種時候，他就會在家裡哭上一個小時甚至幾個小時，直到把他的父母哭得心都揪了起來。

每次他哭的時候，媽媽都會去安慰他，安慰完了就會開導他，但發現無論說什麼開導的話他都不會接受的時候，媽媽就會教訓他。他在一開始，都會很享受，但是，到媽媽教訓他的那個環節的時候，他就會很難受。

諮商師此時和他討論在家裡哭泣的原因，討論的結果是：情緒的宣洩占 50%，希望得到媽媽的關心和安慰占 50%。

諮商師問：「你哭的時候媽媽會是一個什麼感受，你知道嗎？」他說不知道，然後馬上又說，應該是不舒服的。但是他不想去考慮這個部分，說完，他又陷入巨大的內疚之中。

他說：「媽媽說我就如同一個小孩子一樣，得不到自己想要的東西的時候就會哭鬧。」諮商師說：「對啊，你哭泣的時候，你覺得你有多大？」他說：「大約四五歲吧。」然後他馬上開始扯自己的頭髮，表情非常痛苦，又開始不斷地說：「我完了，我完了。」陷入非常自責的狀態，覺得自己無可救藥了……

諮商師這個時候感受到了他非黑即白的兩極思維，就是只要我有一點不好的地方，我就不算是一個人了，我就什麼都不是。因為從他痛苦的表情裡能夠感受到他強烈的自我譴責和自我憎恨。

當諮商師把這個兩極思維呈現給他的時候，他說：「是啊，我就是這樣的一個人，一個一點也無法考慮到別人感受的人，別人是不會喜歡我的啊！」然後開始大哭起來。

哭完，諮商師和他討論，最後他意識到自己並不想改變現在這種小孩子的人際互動模式，因為不想去動那麼多腦筋，而且改變好痛苦。但是，不改變的話，別人又不會喜歡上他。而且，他很悲觀的地方在於，他覺得自己根本無法改變。這就如同是他給自己設定的一個魔咒一樣……他在這個魔咒面前，感到自己是那樣的無能為力。

▓對孤僻型人格障礙症的解讀與調適▓

（1）

孤僻型人格障礙症（schizoid personality disorder, SzPD）是一種脫離社交關係，在人際交往時情感表達受限的普遍模式，起始不晚於成年早期，存在於各種背景下，表現為下列症狀中的 4 項（或更多）：

✎ 既不渴望也不享受親近的人際關係，包括成為家庭的一部分。
✎ 幾乎總是選擇獨自活動。
✎ 對與他人發生性行為興趣很少或不感興趣。
✎ 很少或幾乎沒有活動能夠令其感到有樂趣。
✎ 除了一級親屬外，缺少親密的朋友或知己。

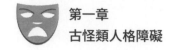
✎ 對他人的讚揚或批評都顯得無所謂。

✎ 表現為情緒冷淡、疏離或情感平淡。

在盛春早身上，我看到許多邊緣型人格障礙的影子，比如他們都瘋狂努力以避免被拋棄，時常空虛，自我身分同樣紊亂以及情緒上容易失控，異常容易暴怒，努力吸引別人的注意力等。

但是，我還是傾向於這個個案是屬於孤僻型人格障礙症。這只是一種感覺，我感到我曾經打交道的那些邊緣型人格障礙症患者在和我交流的時候，對許多感受性的東西的描述比他清晰許多，而且他對於自我在人際關係中被摧毀和被拋棄的預估和過激反應，是一種彌散性的持續存在的力量。邊緣型人格障礙症患者，至少在某些時候還能夠感覺到自己是被人愛著的，欣賞著的，而在春早的內心世界裡，這樣的時刻幾乎沒有，所以他比邊緣型人格障礙症患者的情況要重一些。

春早非常容易陷入自責和內疚的情感之中，這點讓我很意外。我猜想，他是否是因為對別人都有防範、猜忌、不安，或者喜歡去猜測別人的意圖，所以一旦發現別人不是那樣的，他就會因為自己觀念中的敵意而感到內疚或者自責。

不管和誰交往，他在交往以後都會站在別人的視角去審視自己的言行，有沒有讓人不舒服和不喜歡。但是，這種能夠從別人的視角去審視自己的言行的能力是有限的，因為他「努力」的結果都是：別人會對他的言行表示不滿和不喜歡。

也就是說，他替自己設定了一個必然的結果，就是自己無論說什麼和做什麼都是錯的，都是不會討人喜歡的。這導致他在面臨人際困境的時候，無法解讀出別人的真實訊息，他已經生活在一個固定的「訊息」之中了。

經過一段時間的治療，他比過去好多了。以前我們的對話中，我說出一句話，或者問出一句話，他往往要沉默幾分鐘才能回覆我，而且在沉默之前，他也不會說，「那妳等我想一想」，他是突然間陷入沉默的，而且在沉默中，有時候會一直看著我，那個表情就是直勾勾地望著我，沒有任何的轉移。時間長了，我無法去回應他的眼神，只好把我的眼神移開或者低頭。

現在我們的對話開始變得流暢起來，他可以很自如地和我對話，即便是他偶爾沉默，也不會顯得很突兀。我也不知道這個轉變背後，在他內心裡經歷了一些什麼樣的體驗。

春早對人際交往中敏感訊息的解讀存在著很大的困難，比如：某天晚上女友在電話裡問他要不要把他們的關係告訴自己的父母……這句問話其實顯示了女友有進一步交往的意思，但是，春早卻又陷入了恐慌之中，他害怕女友的父母在發現了他的真相之後會勸女兒離開自己。

我問他，「你的真相是什麼？」他說了幾句話，那意思是他是一個缺乏自我控制管理，情緒隨時可能失控，甚至動用暴力解決自己問題的「恐怖分子」，他害怕他內在的這個部分。所以他投射出去，認為對方怎麼可能接受這樣的一個他呢？他現在的一切都更像是表演，努力地在女孩和她的家人面前呈現出自己正常的那個部分，但是，那種擔心如影隨形地伴隨著他，就是如果有一天他們發現他原來是這樣的一個人，他就完蛋了……

我默默地聽著他的話，然後開始沉默。因為我並不打算現在去修正他的內在現實，那個內在現實是如此的根深蒂固，以至於他無法看到事實的真相，他沉浸在他的內在現實裡，而失去了辨別真相的能力。

這個內在事實就是：沒有人會喜歡我，我是一個讓人討厭的人。從這樣一個潛意識裡的核心信念推導出去，其他的懷疑就順理成章了。

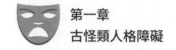
（2）

　　很多孤僻型人格障礙症患者都是超凡脫俗的藝術家，他們把自己的
分裂氣質很好地運用到了創作上，創作出了非凡的作品。

　　其實，分裂這種心理運作機制，在每個人身上都是或多或少地存在
著的，比如我們會如何看待我們的本能與道德之間的衝突，我們內心的
真實和這個世界的異化之間的衝突，我們在關係中是要做自己還是要做
他人期待的那個樣子之間的衝突……無數的衝突之後，我們的靈魂難免
分裂，莫辨初衷。

　　所以，調適的第一步是接受自己的分裂，接受自己在面對複雜的情
感狀態時的一種無能為力，接受自己就是具有天真和純真的人際交往模
式和幻想。

　　第二步，在感覺到自己的不可愛和無價值的那個部分的時候，盡量
避免讓自己的思維掉到這個陷阱裡去，雖然這是來自很原始的詛咒。但
是，一旦自己可以撥開迷霧，看到自己身上還存在著人性的光輝，那
麼，安撫自己的力量就一定會出現。

　　比如：在春早身上，他對女友的超出一般人的關心和體貼，他去一
家又一家的醫院找那個女孩，為那個女孩送去自己做好的食物。還有因
為那個女孩喜歡養多肉植物，所以他也去買了多肉植物來養，希望養好
了送給她。

　　他並非他自己看到的那個一無是處的人，其實會有女孩喜歡上這樣
的男孩的。

　　第三步，把自己的心理疾病普同化。這一點在任何人格障礙症患者
身上都適用。他們因為自己的心理疾病，而覺得自己是一個怪物，甚至
有想殺死自己的衝動。其實，他們就是我們人類中五顏六色的存在，分

裂者要接受自己的行為雖然有讓人費解的一部分，但是總體來說，他們更善良、更單純、更本真，同樣有吸引別人的魅力。

第二章

邊緣型人格障礙

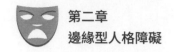
他打我時，我感到死亡威脅

陳幼嵐，女，30 歲

假期裡，我去老公工作的城市和他團聚。

某天早上，原本是和他計劃好中午一起去參加他同事孩子的滿月宴，所以早上起床後，我就開始打扮自己。但是，我一個朋友不斷地和我在 LINE 上聊天，說一些我不想聊的內容，我告訴她我不想聊了，但是她卻表示她很有興趣知道。這個時候，我心情就已經有點煩躁了，老公又在那邊催我，說「時間已經不早了，妳快點」，又在我旁邊走來走去，表現出很著急的樣子。我那時就煩了，就對老公說，「我不去了，你自己去」。

老公中午飯吃完以後回來，就去另外一個同事家打麻將，問我去不去，我說：「我去做什麼？我又不會打麻將。」同時我很不開心：「平時我們工作在兩個城市，聚少離多，你為什麼不在家陪我，一定要出去玩呢？」老公解釋說，之前是和同事約好的，所以我就讓他去了。老公走的時候說：「晚上我打電話給妳，妳過來我們一起吃飯。」

到了晚上 6 點半，天都黑了，老公還沒有打電話給我，然後我就打電話給他，問他是怎麼回事，老公就說：「妳過來吧，妳過來吃飯。」我

說：「你看都幾點了，你覺得我會過來嗎？」當時我就生氣了，我想，你怎麼玩得這麼投入，把我完全遺忘了，都不管我。我在家裡餓肚子等著你，所以我就說：「我不來了，你回來吧。」

然後，過了半個小時，7點多了，他還沒有回來。因為他打麻將的地方離家不是很遠，所以我又打電話給他，問他是怎麼回事，他說他還在打麻將，馬上就結束了。

過了一會兒，他就回來了，那個時候我正在氣頭上，他敲門我也不開，他打電話給我我也不接，他沒有帶家裡鑰匙，我就假裝我不在家。然後，大約15分鐘後，我開門，發現他不在門外，然後我打電話給他也不接，就這樣持續了一個晚上，我媽媽打電話給他他也不接，也沒有回家睡覺。

其實，他晚歸這件事情還不是導致我情緒惡化的主要原因，主要還是我覺得他不願意陪伴我，不珍惜我們好不容易在一起的時光。我覺得我在他心目中不重要，這點讓我的自尊心受到了傷害。

而且，這一個下午，我在家裡看書，他出去打麻將，他本來就是一個一事無成的男人，還整天這麼不上進，感覺也很不好。

他明明知道我在家裡，敲門沒有人開門，他就走了，一個晚上不回來，這件事情就升級了。這不是我想要的，我希望他可以在門外等一下，等到我氣消了，幫他開門，然後，他進來哄哄我，這件事情就過去了，而他卻讓我的期望一再地落空。

第二天早上8點多，他回來了。

那個晚上，我心情很複雜，內心想了許多東西。早上，在他回來之前，我壓抑住自己的情緒，對自己說，千萬不要和他打架，我打不贏他。每次動手，都是我吃虧，這次對他冷暴力就好了。

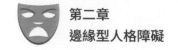
他回來了，我希望我假裝什麼事都沒有發生，對他笑臉盈盈，冷暴力只是我的想像……但是，臨到頭了，我還是沒忍住，衝進廚房拿了一把刀，對著他。他說：妳來割啊，妳來砍啊。當然後來我也沒砍他。

然後，我們開始吵架，我一直在說，他都不吭聲，好像這件事情和他沒關係一樣，我就火大了，你不說話，我就非要你說話。我就動手打他，質問他：「你為什麼不說話？你說啊！」我一直打一直打，最後還打了他幾耳光，他忍受不了，就開始對我咆哮，抓住我的頭髮，希望我不要再動手了。被他抓住頭髮的感受很不好，因為我是長頭髮，他不是抓住我的頭髮，而是拖，如同他是一個可以控制住我的人一樣，然後我就不能動彈了，完全不能動彈。

這種被一個人完全控制住的感覺讓我非常難受，是一種非常沒有安全感、很不舒服的感覺，我感覺到了死亡威脅。當這種感覺升起的時候，我會想讓他去死。

所以我用腳去踢他的下體，沒踢到，我就反手去捏他的下體，那一刻，我就是想置他於死地的。

然後他問我，妳是不是想死？我回答說：我就是想死，你試試看啊……

然後他就過來，抱著我的脖子一扭，我聽見我的脖子發出很清脆的一個聲音。之後，我感到鑽心的痛，我躺在床上哭、叫……

然後我媽媽打電話給我，我媽媽很緊張，說要買火車票過來。但是，當時是過年期間，除夕的前兩天，火車票很難買，所以我媽媽就報警了，希望警察來接我回去。

當時我們母女都不想讓他送我去醫院，後來，躺了很久以後，老公才把我送去醫院。醫生說，妳的頸椎已經骨折了，必須住院，妳這很嚴重。

住院期間，他一直在照顧我，也跟我說了對不起，說他當時並沒有想扭我的脖子，當時他只是想抱我腰，把我撲倒，丟床上去……但是我感到我很難原諒他。我反覆地說，「我們離婚吧」，他根本不同意離婚。為此，我們又反覆吵架。

這次的事情讓我很難過，感覺這個心結無法解開。這件事情對我身心傷害很大，感覺以後還會有這樣的事情再發生，即便原諒他，他也不會吸取教訓。

對邊緣型人格障礙的解讀

抱怨老公不陪伴自己的女人，一般不容易注意到老公也有需要陪伴的時候。

比如假期裡他們的相聚，早上她是想陪著老公去參加同事孩子的滿月宴的，但是因為自己的情緒問題，她沒有去；下午，老公希望她陪伴他去打麻將，她因為自己沒有興趣，也沒有去。

這個時候，她心理上不平衡了，覺得老公不在乎她，沒有陪伴她。她不會想到，老公會不會心理不平衡，「好不容易相聚，你為什麼不願意陪我一起出去玩呢？」

這個思維提示邊緣型人格障礙（borderline personality disorder, BPD）患者是一種單向思維，他們只能從自己的角度出發考慮問題，很難從對方的角度去考慮對方的感受。

通常我們把這個問題叫做自私，但是自私是一種很道德化的詞語，在心理諮商的背景下，我們一般不會使用這個詞語。因為所有的自私的評判，潛臺詞都似乎是這個人可以做到不自私，而他沒有去做一樣，事實上我們知道，這是一種不能，而不是一種不願。

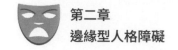
她說：「我一個下午都沒有吃東西，等著你打電話來，都快把我餓死了，你居然把我忘記了……」

在她的這句話裡，我看到一種嬰兒般的心理，就是「我是一個需要被照顧的嬰兒，如果我餓了，我不會為自己的餓負責，透過我一個成年人的方式去填飽我的肚子，我一定要等到你把我想起，約我去吃飯，我才會去吃飯」。

所以，她是一個30歲的嬰兒。她把自己的「奶瓶」吊到老公的身上。

當然，這只是一個表象。在表象的下面，依然是我在你心目中不夠重要的切膚之痛：「我餓了一個下午，等著你一通電話來通知我過來一起吃飯，你玩到分不清楚白天黑夜，居然把我忘了！你這個罪大惡極的人。」

喜歡打麻將的人都知道，在麻將桌上的時光過得特別快玩的時候，會忘記周圍的一切，這麼美妙的時光，當然想多沉迷一下囉！但是，在一個有著邊緣型人格系統的人那裡，老公這樣的行為，對她來說就是一種拋棄，而且是一種非常嚴重的拋棄。

「我不重要，我不可愛」的痛苦一旦上升起來，她就要給那個人「好看」。

老公晚上7點多回家，敲門，她不開；打電話，她不接。那個時候，那個男人一定覺得自己很委屈吧！早上想和妻子一起出門去參加滿月宴，妻子鬧脾氣，不去；下午希望妻子陪著自己去打麻將，妻子不去；晚上7點多回家，妻子不給開門。所以，他也想表示一下自己的情緒，就走了，而且這一走就是整個晚上。

在這個晚上，陳幼嵐心裡其實是五味雜陳的，她也無法好好睡覺，她後來打電話給自己的媽媽，然後，媽媽打了電話給她老公。但是，她老公仍然不接電話。

　　她希望在她有情緒的時候，老公可以在門外繼續等她的氣消了，然後進來哄哄她，這件事情就過去了。然而，她老公也是一個有著自己脾氣的男人，他沒有辦法按照她想像的方式來出牌。他是一個有自己個性的人，老婆不開門，他就賭氣出去睡了一個晚上。

　　在她那裡，老公這樣的行為就是在把事態升級，在更加肆無忌憚地宣布，她的感受對他來說不重要。而這樣不被對方看到的感受、被對方試圖「消滅」的仇恨，在這個等候老公歸家的夜晚一再地升級。

　　所以，第二天早上，老公回來的時候，她去廚房拿了一把刀來對著老公。

　　關於感受這個話題，在她老公那裡，可能也會覺得自己的感受一再地被妻子忽視，希望妻子陪伴自己，希望妻子可以接納自己因為打麻將太刺激了而忘記了她，希望妻子接納稍微晚歸一點的他……

　　但是，當她沉浸在自己的痛點的時候，她是完全無法理解他的痛點的。她在事後對於他的感受很是困惑地說：「我感到我很無助和無能，我完全無法理解他的感受。」

　　幼嵐在事後回憶起當時被老公扯住頭髮的時候，老公傳遞給她的感覺是想讓她死，老公有可能在轉瞬之間摧毀她。而且，摧毀她，如同在舊式家族裡隨意地殺死一個女孩那樣，死不足惜，把她埋了，然後沒有一個人會在乎這件事情。

　　正是這個部分，讓她那麼暴怒。因為她在老公動手的時候感受到的是死亡威脅。

　　她在事後也能明白老公當時是不可能有要置她於死地的動機的，但是沒有辦法，她當時的感受就是這樣。

　　所以，這裡就有一個切口，可以介入她的精神世界裡最原始的地

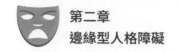
帶，那個創傷就隱藏在那個最原始的地帶裡。

幼嵐外婆的媽媽，曾經是被外婆的爸爸動手打死的，這是幼嵐的精神結構裡上溯三代的一個歷史。雖然當時外婆已經被賣到別人家裡去當童養媳了，但媽媽被打死的時候，外婆大約 10 歲，這樣嚴重的家庭暴力事件，在一個 10 歲的孩子心目中，可能還是一個無法處理的情結吧！

外婆在做童養媳的那個家庭中，也是時常被養父母毆打乃至暴打，以至於雙眼被打到接近失明的狀態。

媽媽對待幼嵐的方式，和外婆對待幼嵐媽媽的方式是相同的，在女兒做錯事情的時候，都容易暴怒且暴打孩子。

在幼嵐出生以前，因為大家族裡的人都希望她是一個男孩，所以讓她媽媽去做了超音波。檢測出是一個女孩的時候，爸爸那邊的人，包括姑姑、奶奶，都勸說媽媽去把幼嵐流產掉，後來在爸爸的堅持下，幼嵐才得以出生。

在這個孩子的整個生命歷史上，發生過太多次有可能讓她死去的真實場景。在她家族的歷史上，也的確出現過因家庭暴力導致一個人死去的事件。

在精神分析的理論中，家族裡面沒有解決掉的情結會一代一代地「遺傳」下來。

其實，這不是「遺傳」，而是在一代又一代的媽媽的體驗中，敏感地覺察到了施暴者所傳遞的「惡意」。或者說，是施暴者在施暴的那一刻，因為控制不好自己暴虐的情緒，所以有可能在極度的盛怒之下失手打死這個孩子，然後，孩子在每一次被打的時候，體驗到的都是死亡威脅。

當分析師試圖把這個東西呈現給幼嵐的時候，幼嵐矢口否認，說她沒有在媽媽這裡感受到這一點 —— 在她小的時候，媽媽打她不會對她傳

遞死亡威脅，反而是在她的大家庭裡，爺爺奶奶重男輕女，時常欺負她的時候，她感受到了那種死亡威脅。每當這種時候，都是媽媽衝出來要保護她，媽媽反而是她最信賴、最依賴的一個人。

她的這種感受是重要的，這種感受本身沒有對錯之分。

但是，她為什麼會否認之前反覆敘說過的媽媽對她暴打時候的感受呢？

其實，在那種從小被軀體虐待的孩子的心靈世界中，本來就沒有值得依附的人，相信媽媽是愛自己的，是他們在這個世界上能夠存活下來的最後精神資源了。如果還把媽媽都看成是迫害自己的，那他們真的會陷入嚴重的憂鬱，缺乏生存下去的勇氣和力量了。

她的媽媽的確是很愛她的，但是，媽媽對她有愛，也有虐待。

這樣一個孩子，在長大成人以後，反覆地在親密關係裡要被愛，被重視，被看見，恰恰是因為她的撫養者在她小的時候沒有給過她這些東西。

對她在親密關係裡的感受影響最大的，永遠都不可能是她生活的那個大家庭裡的爺爺奶奶和其他人，只可能是她的爸爸和媽媽。其他人只是加劇了她的心理疾病的發生發展，但是，最關鍵的影響因素，還是來自她的爸爸媽媽。

在她的矢口否認裡，我看到她試圖維護著被媽媽所愛的那個孩子的影像的一種努力。我尊重這種努力，直到有一天她可以接納真實的自己和真實的媽媽。

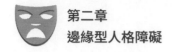
我曾經想過一萬次要和你離婚

吳雪妮，女，33 歲

以下的內容是心理諮商中雙方共同構建的內容，但是反思部分是諮商心理師加上去的。

前幾天，我和他一起去他女性朋友家裡吃飯的時候，那個女性朋友當著我，很親暱地挽著他的手臂說：「張凡，你還記得我們之前在高中同桌時候發生的那些『糗事』嗎？下課時，我正在吃雪糕呢，你一不小心抬起頭，就撞到我的雪糕上，你滿頭的雪糕，白花花的一片，我們班同學笑瘋了；有一次，是夏天，你的手臂越過我畫的『楚河漢界』，我在你手臂上畫上圈圈……」

回來我就不高興，要他把他和他女性朋友之前的照片全部刪除了。他對我的言行非常反感，堅決不刪除，說人家是有老公有孩子的，人家夫妻感情好得很，而且，我們是好朋友都那麼多年了，妳吃這個醋幹嘛呀……

以前，其實我們幾家人都經常玩在一起的，我也的確不吃醋，但是最近，我發現老公對我越來越沒有什麼興趣了。所以，凡是和他走得近的女性朋友，都是我的敵人。

　　所以我們吵架了，他開始不搭理我，一直到昨天都還是這樣，連孩子都看出來了。後來，孩子就問我，爸爸是不是不高興了？然後，我就說是的，之後的話語裡，我就開始咬牙切齒地恨了起來。

　　想躺在床上休息一會兒，但是發現自己無論如何都睡不著，然後起來。

　　坐在椅子上，心裡很不舒服，他已經出去辦事了。這個時候，按照以往的風格，我會傳給他一長串的 LINE 表達我的憤怒，甚至，我腦海裡立刻又閃現出讓他滾出這個家的念頭，而且，在讓他離開之前，一定先把婚離了。

　　每次他不理睬我的時候，我都能夠特別敏感地捕捉到，然後，我會如同瘋了一樣陷入一種忐忑不安的情緒之中，隨後，就是設想怎樣報復他。當然，我報復他的方式中最高級別的就是離婚。

　　離婚，讓這個人永遠地消失在我的世界中。這樣，他不理睬我的時候，傳遞給我的危險訊息就不會再有了。

　　那個危險訊息是什麼呢？我想我大著膽子去解讀一下吧，平時，這樣的訊息只能讓我感覺到危險，然後馬上就進入下一步，也就是瘋狂地仇恨和報復的那些步驟。我沒有辦法面對和放慢，不知道他變臉背後究竟是些什麼樣的情緒，會讓我崩塌。

　　所以，我現在是在努力地回到當時的情景之中。其實當時的情緒裡面，有恐懼，有不安，有巨大的憤怒。在這些情緒的背後，有一些核心信念，這些核心信念都是我假設他不理睬我的原因，就是「妳是不值得被愛的，妳不是讓我喜歡的人，我不喜歡妳，我甚至討厭妳，所以才會不理睬妳……」

　　這些訊息裡，一定是有我的痛點的，一定是包含著我生命的過往裡難以承受的痛苦。所以到今天，老公表現出和這些訊息相關的點，才會引爆我的憤怒情緒。

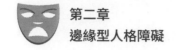
上面這些話，是我和我的諮商心理師在諮商室裡共同產生的一些回顧，當然，接下來的話，也是。

想到那個痛點的時候，我會想起我小時候的那個反覆的痛點。

爸爸是一個軍人，是在我6歲以後才回到這個家的。回家以後，爸爸和媽媽整天吵架打架。從我有記憶以來，他們就是分房睡覺的。爸爸心情應該是不好的，他時常暴打我，在打完我以後，又把我關進小黑屋，關了一會兒之後，他又會進來，抱著我痛哭和懺悔，「爸爸不該打雪妮，雪妮這麼乖，爸爸不是人，爸爸以後不會再打雪妮了……」哭完，他會帶我去街上，買我平時喜歡吃的棒棒糖或者雪糕給我。

但是，過了一段時間以後，他就會忘記之前對我說過的話，繼續打我，關我，然後繼續懺悔，帶我去街上買東西吃。

所以，我在面對爸爸的時候，心情是很複雜的。我不知道我是該依戀他呢，還是該躲避他？經常在他來抱我的時候，我的身體會瑟瑟發抖。

媽媽是一個情感冰冷的女人，我幾乎感覺不到她對我有什麼溫度，她喜歡指責我，貶低我，和我比較，她比我更能幹，更聰明。在我結婚以前，有一次我流產了，她把我送到醫院，自己就走了，因為她覺得我很丟人。結果，我一個人上手術臺，一個人下手術臺，在寒冷的冬天裡，自己一個人顫顫巍巍地走出醫院叫車……

後來，每當我生病住院的時候，我都是一個人去，一個人回來，我從來不告訴我父母。

結婚以後，老公對我其實很好。但是，因為我時常體會不到他的感受，而我自己的感受又時常多如牛毛，如潮水般洶湧澎湃地襲擊我，所以，當我的感受沒有被他體會到的時候，我就會對他發飆。

　　每次我發飆完了以後，他都會來安撫我。他安撫我之後，我的情緒很快就會平復下來。但是，最近幾年，不知道他是不是也對我的情緒產生疲憊感了，他越來越不想安撫我，並且，他居然頻繁出現不理睬我的情況了。

　　每當他不理睬我的時候，就是我萬分抓狂的時候。

　　每次他對我這樣的時候，我就會陷入一種歇斯底里的狀態之中。他對我的不理睬，對我來說真的是一種類似生和死般嚴重的「懲罰」。

　　他不理睬我的時候，我的感覺是被他拋棄了，他不會再喜歡我了，他否定了我對他存在的價值，我整個人就是一個不值得被愛的，沒有被看見的存在，我是一個不存在之物。這樣的恐懼，也會讓我有瑟瑟發抖的感覺。只是現在大了，我把這樣的恐懼隱藏起來，代之以憤怒和報復。

　　甚至，他如果繼續不理睬我，在我的感覺裡，就如同被關進小黑屋一樣，我什麼都看不到，什麼都聽不到，我和這個世界失去了連繫，我彷彿看到那個被徹底的孤獨襲擊的難過的孩子。

　　所以，當他不理睬我的時候，相當於是要我「死」，為了對抗這種要我「死」的悲慘命運，我恨不得立刻攆走他，讓他消失在我的世界內。離婚，當然就是這種想像的一個必然的結果。

　　每次我們和好以後，我就絲毫也記不得我之前怎麼會去想離婚的事情，因為我知道我老公是很愛我的，平時大部分的時候，對我都非常好。對這樣的一個男人，為什麼在他不理睬我的時候，我就會要去「賜死」他呢？因為離婚，相當於是他「死」在了我的世界裡。

　　可能是因為在他不理睬我的時候，我感覺到的是一種被「賜死」的痛楚，所以，我才會那麼狠心，想到用離婚來報復他吧！

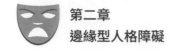
在那樣的時候，我是一個沒有感情的人，因為感覺到對方的不理睬是對我的存在的否定。所以，我也立刻用離婚來否定他對我的存在的意義和價值。

昨天晚上和他交流了，當我好好和他說話，不指責他的時候，其實他是願意和我溝通的。溝通之後，發現我們之間有一些誤會，所以我們馬上就又和好了。和好以後，他還是像平時一樣對待我，會來親親我，抱抱我。這個時候，那個被愛的孩子的自我意象又回來了，然後，我又記不起他不理睬我的時候我的感受了。

雖然對他表達過無數次，「我很害怕你不理睬我，如果你對我有什麼不滿，請你直接對我說，我們吵一架，甚至打一架，都比這種不理不睬讓我好受一些」。但是在最近這幾年，在面對我們之間發生的不快的時候，他有越來越多的時候會選擇用沉默來對待我。

在和他結婚以前，我有過十多段戀愛經歷。之前的戀愛裡，我都能夠成功地「讓」那些男孩在忍無可忍的狀況下對我動手，然後，我看到他們淚流滿面地為自己的行為懺悔，又加倍地對我好。那種施虐和受虐的感覺雖然在那個時間點讓我痛不欲生，但是，那種感覺卻非常熟悉。

嫁給我老公，是因為我無論怎麼樣對他進行語言和行為上的施虐，他都不為我所動，都一如既往地對我好，來安撫我，他從來沒有對我動過手。但是，他對我的包容是不是已經到了一個臨界點了？下一次，他會不會就忍耐不住而對我動手呢？

不，如果是動手還好些，我知道我老公是一個謙謙君子，他很少被我的情緒激化，他最多會出現的就是不再理睬我，任憑我怎麼胡鬧，他大不了搬去他們公司住幾天而已。

但是，沒有人知道，我最怕的就是這個結局。

他每次搬到公司住的時候，雖然他會假借值班的機會去，但是我知道他其實是跟別人換來的值班，我心裡就恨得癢癢的。

每當這種時候，我心裡還是會下一萬個離婚的決心，你不需要我，我幹嘛要死皮賴臉地留在這段關係裡呀？我真的這麼沒自尊心嗎？

但是，他出去住了兩三天就會回來，並且回來的時候總是會買點我最愛吃的那家滷排骨給我，我一看見那個東西，就會忘記他對我所有的不好，那個被他愛著的小孩子的幸福感又回來了。我繼續遺忘掉所有他對我的不好，那一刻，愛我的那個他就是一個天使，而我自己也是一個天使。

▌對邊緣型人格障礙的解讀▐

一點說明：下文中以「她」來代指「邊緣人」，並不是說這個疾病沒有男性，我也接觸過男性的「邊緣人」，但是數量的確沒有女性多，為了描述的方便，我姑且採用女性的「她」來代指吧！

一個人在感覺到自己的自尊心受到威脅的時候，會有一種很大的危機感，而這種危機感通常情況下是和「被拋棄」連繫在一起的。

人和人相處，最大的風險就是被拋棄。

被拋棄的各種形式：突然冷落下來，沒有以前那麼熱情，愛理不理，完全不理睬了，斷絕關係，離婚。

這些人際關係包括友誼，包括婚姻，包括親情。

對於自己在乎的人，每個人都會害怕和他走到這一步。

被拋棄，意味著自己的價值感在把你拋棄的那個人那裡完全不存在了。這對於「邊緣人」來說，是她們最不能接受的。

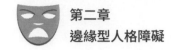
吳雪妮是一個本身缺乏價值感的人，所以她需要和一個男人連接在一起，從那個人身上看到自己的價值。也就是說，那個男人實際上充當了她的「鏡子」。你想，一面鏡子把自己的主人拋棄了，她就看不見自己了，而一個面目模糊難辨的人，是多麼需要一面鏡子啊！

所以，「邊緣人」很難容忍自己的感情有空窗期，這個男人離開了，她馬上會找到下家。其實，更準確的是，在這個男人離開之前，她就會找到下家，她無法承受居然有不被愛的時光，或者沒有鏡子的時光。

那面鏡子還必須是愛她的，在乎她的，否則她在關係裡一定不會安靜地待著，她一定會向他索取，而且是不停地索取。她要在這面鏡子裡看到自己是被愛著的、有光澤的女人。

所以，當那面鏡子提供不了她想要的功能的時候，「邊緣人」體驗到的是羞辱，記住，是羞辱，而不是別的，哪怕那個男人只是一時半會兒在精神上開個小差，或者只是一時半會兒堅持一下自己小小的個性，不按照「邊緣人」心目中「應該」有的方式來回應她，都有可能讓「邊緣人」體驗到對方對她的極大冷落和不敬，隨後升騰起的感受一定是被羞辱感。

這種被羞辱感提示「邊緣人」的個性裡一定是摻雜著偏執的，因為她認為對方是故意的和有敵意的。她沒有辦法把對方的某種情緒和態度視為對方也需要有自己的個性、自己的情緒表達，她會把對方的一切都和對方在攻擊自己做聯想。

而一個感覺到自己被羞辱的「邊緣人」，是一定會報復對方的，她沒有辦法忍耐被羞辱的感覺。

報復對方的方式可能有許多種，比如打和罵，比如同樣的冷戰，比

如做一些破壞對方前程的事情，或者是破壞對方的其他關係的方式。如果是在親密關係裡，這個女人總是會想到分手或者是離婚。

不管對方之前是怎麼對她好，在惹到「邊緣人」的時候，她通通不會記得，或者是不會去想，她頭腦裡只有一個想法，「這傢伙居然敢這樣對待我，那我一定要給他好看」。

被羞辱，其實就是一種自尊心受傷的體驗。你損毀我的自尊心，那麼，我也要損毀你的自尊心。

損毀對方自尊心的最極端的方式就是離婚。我們之間不再有親密關係，以後也可能再無關係，既然你試圖讓我消失在你的世界裡，我也讓你消失在我的世界裡。

「邊緣人」是把羞辱和被拋棄連結在一起的，所以她的反應也是激烈的和過度的。

在她們感覺到自己受傷的時候，她們傾向於變得冷漠無情，甚至殘酷殘忍，並且會立刻想辦法報復對方，離婚是一種她們覺得最直接和最爽快的方式。然後，在這種想像中來「挽回」自己感受到的被對方「摧毀」的自尊心。

但是事實上，對方只是想表達自己的情緒，情緒過了也就過了，並沒有想要拋棄或者摧毀她的心思。但是「邊緣人」沒有辦法看到這一點，這是「邊緣人」的邊緣性中必然伴隨的偏執型因素。

所以，幾乎每一個女性的「邊緣人」在親密關係裡，都在想像中把對方拋棄過無數次了，要麼是分手，要麼是離婚。離婚的念頭，可能會伴隨著她們的整個婚姻生活，所以，「我曾經設想過一萬次和你離婚」，絕不是一個誇張的數字。

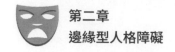
█ 走進「邊緣人」的內心世界 █

（1）

　　在一個邊緣型人格障礙症患者的臉上，並沒有刻寫著她是一個「邊緣人」，可是，她是一個內心早已經千瘡百孔、經歷了許多重大的精神創傷的人。創傷這個東西你看不見，但是，在和身邊的人的互動中，她會時常「活現」出她的創傷給你，那些讓你難以忍受的猜忌、驗證、逼迫、貶低、打擊、報復、仇恨、無數的分手鬧劇……猶如一出出話劇，把她童年時期所經歷的那些創傷演出來給你看，只不過，這個時候你是受害者，她是施虐者。

　　某些時候，她又變成受害者，把施虐者的角色投射給你，讓你去扮演。然後她變成那個楚楚可憐的依賴著你、黏附著你，最終還必將被你拋棄的受害者角色。

　　和她相處，你不準備好 100 顆救心丸，那恭喜你，你先中槍倒下吧！

　　傳說中可怕的邊緣型人格障礙症患者，真的很可怕嗎？真的要讓你躲避到千里之外，再也不想看見了嗎？

　　我們可以先去認識一下她們。

　　邊緣型人格障礙是一種人際關係、自我形象和情感不穩定以及顯著衝突的普遍心理行為模式。始於成年早期，存在於各種背景下，表現為下列症狀中的 5 項（或更多）：

　✎ 極力避免真正的或想像出來的被遺棄（注：不包括自殺或自殘行為）。

✎ 一種不穩定的緊張的人際關係模式，以極端理想化和極端貶低之間
　交替變動為特徵。

✎ 身分紊亂：顯著的持續而不穩定的自我形象或自我感覺。

✎ 至少在兩個方面有潛在的自我損傷的衝動性（例如：消費、性行
　為、物質濫用、魯莽駕駛、暴食）（注：不包括自殺或自殘行為）。

✎ 反覆發生自殺行為、自殺姿態或威脅或自殘行為。

✎ 由於顯著的心境反應所致的情感不穩定（例如：強烈的發作性的煩
　躁，易怒或是焦慮，通常持續幾個小時，很少超過幾天）。

✎ 慢性的空虛感。

✎ 不恰當的強烈憤怒或難以控制發怒（例如：經常發脾氣，持續發
　怒，重複性鬥毆）。

✎ 短暫的與緊迫（stress）有關的偏執觀念或嚴重的分離症狀。

　　「邊緣人」女性居多，是男性的 3 倍。男的容易被誤診為物質濫用和
衝動控制障礙或反社會的問題，女的容易被誤診為憂鬱症或者焦慮症或
者雙相情緒障礙。

　　因為考慮到誤診的可能性，所以，被診斷為邊緣型人格障礙的比
例，比實際數量還要低一些。所以，把邊緣型人格障礙症患者的比例提
高一點，是不為過的。這些患者在實際生活中，其他的大多數功能還是
很正常的，只有在親密關係裡，情緒問題才容易發作，所以，邊緣型人
格障礙很不容易被正確診斷。

　　相對來說，女性更容易呈現出「邊緣人」的典型特徵，男性的特徵
要更隱蔽一些。

　　在生活中，隱匿性的邊緣型人格障礙者其實滿多的，和真正的「邊

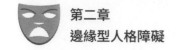
緣人」的表現有些區別，情緒化、攻擊性和衝動性的表現不是那麼激烈，但是在內心世界裡，關於自體意象的不穩定及對於被拋棄的擔心和驗證，和真正的邊緣型人格障礙症患者如出一轍。這是因為從正常的帶著邊緣性特徵的人群，到病理性的邊緣型人格障礙症患者之間，仍然只是一個人格譜系上的漸變區域中的系列分布。

　　邊緣性本身並不是一種只有負面意義的東西，它同樣是我們人格裡的一個組成部分。這個部分往往代表了一個人的創造性，容易外顯的情緒化色彩，情緒非常濃烈和豐富，情緒的多變，攻擊性、依戀性等包含正面意義的東西，當然也同時包含了破壞性、貶低、偏執、分裂等負面的東西。

　　我見過一些很有創造性的邊緣型人格障礙症患者，很有才華，也非常聰慧，只是在親密關係裡情緒時常失控。我還見過一些很有靈性的邊緣型人格障礙症患者，在藝術上非常有造詣，為這個社會留下許多作品，我還見過一些普通的邊緣型人格障礙症患者，即便身體已經老去，但心靈和眼神依然停留在 3 歲的初心時光，很可愛也很純真的樣子……

　　所以，尊重人群裡的「邊緣人」，也尊重我們自己身上或多或少都還遺留著一部分沒有發展完善的邊緣性，可能是我們和「邊緣人」的對話能夠發生的前提吧！

（2）

　　邊緣型人格障礙這樣一個名稱是在 1930 年代提出來的，之所以用邊緣，說明這個疾病是介於精神官能症和思覺失調症之間的邊緣地帶。現在我們知道，在這兩個疾病之間，其實是大量的人格障礙疾患，其中，邊緣型和自戀型是這些人格障礙疾患的代表性疾病。

所以，邊緣型這個命名並沒有很好地對這個疾病獨特的東西和其他人格障礙進行一個區分。但是，目前繼續沿用這個疾病的命名也是一個約定俗成的事實。

在邊緣型患者的身上，一般都同時包含其他好幾種人格障礙，或者說是和其他人格障礙共病（comorbidity）以及和一些精神官能症症狀和軀體化障礙共病。一想到邊緣型人格障礙症患者，我頭腦裡就會想到一個充滿了焦慮，時常憂鬱，情緒常常失控，很衝動，諸多抱怨的人。但是，這些都不足以形容「邊緣人」，下面我們可以更多角度地去認識這類患者。

（3）

邊緣型人格障礙症患者去醫院身心科門診就診，一般的診斷是焦慮症或者憂鬱症，或者物質依賴，或者進食障礙之類。因為這幾種心理疾病是最容易伴隨邊緣型人格障礙出現的。而對於一種人格障礙的診斷，不是在門診幾分鐘的問話之中就可以做到的。

住院呢？情況也是一樣的。醫院的身心科或者心理衛生中心一類的權威機構，一般很少下人格障礙症的診斷，因為人格障礙症患者擺明了用藥是治療不好的。用藥最多可以治療一下患者的共病症狀，比如焦慮症、憂鬱症、軀體形式障礙之類，對於他人格的撼動，那是不可能透過藥物治療來實現的。

在國外，精神分析療法、辯證行為療法（dialectical behavior therapy, DBT）、心智化療法（mentalization-based treatment, MBT），就是專門用來治療邊緣型人格障礙症患者的。而且經過多年的實證研究，效果顯著。BPD 患者，並非沒有好轉的可能。而且他們一旦好轉，預後還非常好。

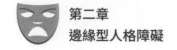
（4）

　　精神分析是有自己獨立的診斷系統的，在這套系統下，「邊緣人」除了包含邊緣型人格障礙，還包含其他大部分的人格障礙，統一命名為「邊緣型人格組織」。所以，在某些時候，邊緣性其實包含了人格障礙的大部分內容。

　　而事實上我有種感覺，人格障礙這種病症，每個人身上都有那麼一點點蹤跡，誰也脫不了干係。在佛洛伊德時代，人人都是精神官能症，那是因為那個時候沒有人格障礙這個名稱，事實上，那個時代的精神官能症就是現在的人格障礙的各種表現形式。

　　所以，邊緣性在每個人身上都是有那麼一點點的。透過邊緣性的來源，我們可以看到一個人是怎麼進入邊緣性的人格地帶的，這為我們的家長在撫育孩子的時候提供了許多啟示。

　　透過了解「邊緣人」，我們可以更深刻地了解自己。「邊緣人」似乎是我們的一個鏡像，把我們內心的恐懼和焦慮的東西放大給我們看，因為那些恐懼和焦慮，其實我們都有，只是程度的差異，只是個人的生活順利與否的區別。順利的，我們就帶著這份邊緣性進入墳墓；不順利的，邊緣性可以在我們人生的某一個階段或某幾個階段爆發，如此而已。

　　人類的任何一種精神疾病，都不是單獨屬於貼上那個標籤的那些人，而是我們共同擁有的。只是程度的差異，只是表現形式的差異，只是在某個階段爆發出來，而在某些階段屬於疾病的潛伏期。如此而已。

　　畢竟，我們共同擔憂和在乎的都是同一個東西：我會不會真正擁有這段關係？他是否真的在乎我？他還在乎不在乎我？我在他心裡，還有沒有價值，重要不重要？

只要我們在親密關係裡還有這個叩問，我們就不能保證我們和邊緣性絕緣。「邊緣人」最在乎的，難道我們就可以很輕鬆地說，我們沒有這樣的一些擔憂嗎？

當然，我們和「邊緣人」的區別肯定是有的，比如我們的自我整合功能還可以，所以我們把許多焦慮和擔憂要麼消化掉了，要麼成功地轉移了，或者昇華了。而「邊緣人」就陷入焦慮的泥潭中沒有辦法拔出來，所以我們成為那個審視和治療「邊緣人」的人，而「邊緣人」成為被我們治療的人。

（5）

時常焦慮。

一個邊緣型人格障礙的來訪者，月薪十幾萬元，她告訴我，她在蝦皮上買一個幾十塊錢的東西的時候，也會因為擔心自己買了不必要的東西而被媽媽責怪，所以會去把一個商品背後的幾千條評論看完，但依然不知道該買還是不該買。買回來的時候，她會很擔心這個東西有問題或者不實用，被束之高閣，儘管媽媽根本不會責怪自己，但是她依然害怕自己犯錯。

另外一個來訪者告訴我，班上同學看她的一個眼神，就讓她感覺到他們對自己的不歡迎和敵意，所以她就不願意再回到那個她覺得充滿敵意的環境裡去讀書了。因為在那個位置上坐著的時候，莫名的恐慌會襲擊她……

她們常常因為過度的焦慮而無法完成應該完成的事情，做幾分鐘正事，就要去玩一下手機，在玩手機的時候，腦海裡卻是虛無和自責。但是，回到正事的時候，卻依然會因為焦慮自己達不成很簡單的目標而再次放棄。

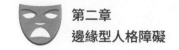

　　她們在休閒的時候會責怪自己，在工作的時候會因為焦慮而失去正常工作或者學習的能力。

　　她們內在總是有一個聲音在要求自己要非常優秀，這樣才不會招來負性評判，不會在人際關係中失利而被拋棄。這樣一種孜孜不倦的對優秀的追求，猶如一根繩索捆綁著「邊緣人」，讓她們在該工作學習的時候無法集中注意力，在該休閒的時候充滿了自責，在這兩件事情之間無法輕鬆地轉換。

　　這樣的焦慮還是源於一些不合理的信念：如果我不夠優秀，他或他們就很可能不會喜歡我或者不會要我了。而這些不合理的信念之根深蒂固，提示這是來自和最原始的客體互動的結果。

　　焦慮其實是一切心理疾病的基礎症狀，但是「邊緣人」的這種焦慮不是一般性質的焦慮，她們大部分的焦慮背後都伴隨著對自己如果沒有成為一個什麼什麼樣的人，就會被身邊的人唾棄和放棄，甚至拋棄的恐懼。所以，這種焦慮一般都具有被毀滅的幻想性質的恐懼。

　　有時候我們覺得人是自明的，可以分清楚過去和現在的區別。但是，一個人如果過去實在是太糟糕，就有可能停留在過去的惶恐之中，而無法順利地過渡到現在這個時空。

　　那個在蝦皮上看完所有評論才能買一件東西的患者，小時候，每當她犯錯的時候，媽媽都會用一種鄙夷的語氣對她說話，彷彿就是說：「這麼簡單的事情，妳也會出錯。」所以，她對於錯誤充滿了恐懼，因為在媽媽那個鄙夷的語氣和冷漠的眼神裡，她讀到的是，如果一個人犯錯，那麼她就不配活在這個世界上。這基本上是一種被賜死的恐懼，她內化了那個時刻在語言上施虐的媽媽，所以即便媽媽不在身邊的時候，她也無法饒恕自己的過錯。因此，她的焦慮就停留在 3 歲的時候，她的心智

也因為過大的生存危機而停留在 3 歲，很難回到現在的時空中，根據現在時空中的人對待自己的真實方式和他們互動。

一些「邊緣人」在青春期會很難度過，出現各種症狀，更年期是這類人的第二個艱難時期。在以急性焦慮形式發作的驚恐障礙的背後，有一些就是典型的邊緣型人格障礙，當然，「邊緣人」更多的是慢性的廣泛性焦慮發作。

「邊緣人」很少有策略能夠應對焦慮的發作，她們對焦慮的耐受性特別差。也因此，「邊緣人」在焦慮的時候很容易付諸行動，做出衝動的、不顧後果的事情來。

（6）

時常憂鬱。

「邊緣人」並非像我們想像的那麼張牙舞爪，因為她們太過於在乎別人怎麼看待自己，所以她們在人際關係裡常常去討好別人，她們的攻擊衝動，只針對自己最親密的人。但是，在攻擊衝動的其餘時間，她們也常常去討好那個要攻擊的人。對於外人，她們通常是有些懼怕，有些疏離，同時又常常去討好別人，當失去自我的成分比較多的時候，「邊緣人」也會出現憂鬱情緒。

她們總是要求自己優秀，優秀才能在人際關係裡感覺到自己有存在的價值。那麼，優秀究竟是一種什麼樣的狀態呢？是真實達到的狀態呢，還是即便達到了也依然對自己不滿意的狀態？我覺得「邊緣人」看待自己的鏡子常常是扭曲的，她們永遠達不到自己想要的那個狀態，即便達到了也會給自己負性評價，所以，時常陷入憂鬱就難免了。

當然，「邊緣人」也有自大的那一面，但是這種自大也是對自卑的一種防禦。所以，她們的自大，並不能真正救她們逃離自我貶低的苦海。

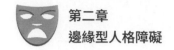
（7）

我不知道我是誰。

這一點涉及的是身分認同的問題。

你讓她用 5 個形容詞來形容自己的核心人格，她往往會感到一時語塞，因為她頭腦裡沒有這樣清晰的自體意象。

「邊緣人」在她們的童年時候，常常遭受來自撫養者的精神虐待以及軀體虐待，所以她們沒有辦法在殘缺的自我意象上形成完整的關於「我是誰」這樣的意識。而且，「邊緣人」的媽媽一般都會過度地使用注入迎合性的投射性認同，這使得「邊緣人」在很小的時候，頭腦裡能夠有限形成的自體意象中，也充滿了負性的色彩，比如我是有罪的，我欠媽媽許多許多，我怎麼償還也償還不了，所以我的生命注定就是帶著罪惡感生存的……這樣的一些自體意象，有了還不如沒有，有了也會被壓抑得很深很深。在她們焦慮或者憂鬱發作的時候，這些負性的自體意象就會蹦出來傷害她們……

媽媽愛孩子的時候，孩子在媽媽的眼中看到「我是一個乖孩子」；媽媽暴打孩子的時候，孩子在媽媽眼中看到「我是一個不值得被好好珍惜、好好疼愛的壞孩子」。如果一個媽媽對待孩子的態度是依自己的心情而定的，那麼，孩子關於自我的意象就會陷入矛盾和不可掌控之中，一會兒覺得自己是個還不錯的人，一會兒覺得自己很邪惡，人格就會產生分裂和解體，對自己沒有一個清晰的認識和評價，甚至對真實世界產生解離感，當環境變化的時候，甚至不再知道自己是誰了。

所以，你要去問一個「邊緣人」，她是誰，這會是一個很困難的問題。

或許她可以清晰地告訴你，但是，你別指望那是她內在的、真實的看待自己的方式。

也因此，她們常常無法做出一個決定，總是在猶豫中惶惶終日，因為她們不知道自己是誰，也不知道自己真正需要的是什麼，更擔心由於做出選擇而喪失已經擁有的，又來後悔和攻擊自己的決定，然後憂鬱。

（8）

「邊緣人」特別善於選擇性遺忘。因為對人的分裂的看法，導致了選擇性遺忘。在感覺到一個人壞的一面的時候，就記不起他好的一面，反過來也是一樣的。

一個女孩子對我說：

「我昨天晚上和他人鬧一場，今天早上我就會完全忘記，而他卻記得非常清楚。」

不錯，這就是邊緣型人格障礙的一個表現，她們的情緒性記憶似乎是不連貫的。

因為她需要「記住」媽媽的愛，所以會選擇性地把媽媽虐待她們的事件給「忘記」掉。這樣在被虐待之後的時間裡，她內心還有一個愛她的親人形象，浮現在她的頭腦裡，這讓她可以短暫地產生「我還是一個有價值的孩子」的幻想；否則，她們會有想把自己毀滅的衝動。我有好幾個邊緣型的來訪者告訴我，她們在只有幾歲的那個年紀，就曾經有過好多次想自殺的念頭。所以，確保大腦裡還有一個愛著我的媽媽形象，對於這些孩子能夠存活下去是多麼的重要。

我的一些來訪者會遺忘掉童年時期整整 5 年或者 7 年左右的記憶。我覺得可以理解，因為這樣保護了內在那個感覺還會愛我的人，不會與那些虐待的時刻混合起來，避免讓這個「邊緣人」的情感發生混亂和難以整合。

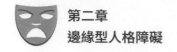
▐「邊緣人」有著怎樣的媽媽和爸爸？▐

（1）

在精神分析的語境下，媽媽這個詞泛指一切撫養孩子的人，包括媽媽、爸爸、外公外婆或者爺爺奶奶，或者其他的主要撫養者。所以在本書中，我會統一用媽媽這個詞泛指孩子的主要撫養者。

「邊緣人」的成因是非常複雜的、非線性的，有時候甚至帶有遺傳學的一些特徵。但是，大部分「邊緣人」的形成，還是有跡可循的，我並不想在這裡迴避我們對媽媽這樣一種生物的依戀和忠誠，但是，一個「邊緣人」的養成，多多少少和一個病態的媽媽是相關的。

總結一下，關於邊緣型人格障礙症患者的媽媽，大約有這樣幾種類型：

◆ 邊緣型人格障礙媽媽

也就是說，媽媽也同樣是這個疾病。

◆ 偏執型人格障礙媽媽

總是覺得世界是壞的，有人會刻意地迫害自己，投射出去，時刻都處在惶恐和防禦之中，對自己的孩子也不例外；對世界充滿憤恨，時刻尋求報復。

◆ 精神病性媽媽

內在毫無存在價值感，然後投射給孩子，竭盡所能地貶低孩子的功能，不讓孩子和自己有完成分離個體化的可能性；隨時都在使用迎合型的投射性認同，使孩子覺得自己的存在是罪惡的、無價值的，對母親充滿了愧疚和一輩子都無法償還母親恩惠的罪惡感。

◆ 恍惚型媽媽

也稱心不在焉的媽媽，永遠都生活在對過去的回憶和悔恨之中，或者是對某人的責怪之中，怪自己的命運被對方所害，到了今天的無可逆轉的地步。媽媽無法生活在此時此地，也無法和孩子有真實的互動，孩子在媽媽的眼中看不到自己的存在，因而感受不到自己在媽媽心中的價值。

◆ 性急的媽媽

永遠按照自己的速度去要求孩子要達成什麼樣的目標，而罔顧孩子實際上達不到大人的要求，因而使孩子產生自卑心態。

◆ 喜歡評判的媽媽

一旦孩子做錯了事情，哪怕在事後，也會對孩子橫加指責，讓孩子覺得自己一無是處，膽戰心驚地去做每一個決定和做每一件事情。

◆ 暴跳如雷的媽媽

性急加喜歡評判，再加上喜歡懲罰，對孩子的過錯絕不寬恕，錙銖必較，就會造就一個如履薄冰的、容易緊張和焦慮的孩子。

◆ 控制欲強的媽媽

這樣的媽媽因為焦慮而織網來控制自己的孩子，孩子和媽媽之間的關係非常奇妙，孩子在被控制，也反抗，但是卻無力擺脫媽媽的控制。孩子只能適應和媽媽這樣的一種互動模式，而缺乏擺脫和創造新模式的力量。

◆ 情緒不穩定的媽媽

某些情境下，孩子做了一件事情，這個媽媽不會生氣；另外一些情境下，孩子做了同樣的事情，媽媽卻會生氣。媽媽生氣與否，完全看媽

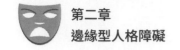
媽當時自己的情緒狀態如何，而不是根據孩子本身的表現來決定。這個
孩子就沒有辦法預測媽媽的情緒，這樣的孩子長大以後，是一個看別人
的臉色來決定自己反應的孩子。

以上的幾類媽媽，並不是「邊緣人」產生的必要條件，但卻和「邊
緣人」的產生有著密切關係。也就是說，有這樣一些性格的媽媽，不是
必然會產生「邊緣人」，但是，在「邊緣人」的背後，通常有著這樣幾種
類型的媽媽，或者是混合著這幾種類型性格的媽媽。

這些媽媽在對待孩子的態度上，不論是性急、恍惚、喜歡評判，還
是暴跳如雷，都帶有在情感上虐待孩子的色彩，她們在和孩子反覆互動
的過程中，把自身情緒的不穩定帶給了孩子。

這幾類媽媽和孩子的互動模式，既可能催生出邊緣型人格障礙，也
可能使孩子罹患其他精神疾病。她們和孩子互動是否會催生出邊緣型人
格障礙的孩子，還需要結合孩子自身的氣質和人格特質來探討。

這些氣質可能是：情緒的易感性、天生的急躁性格、無法延遲滿
足、神經系統的某種特質等等。

總體說來，邊緣型人格障礙是一種以情緒上的不穩定為主要特徵的
心理疾病，為什麼女性要遠遠多於男性？是因為女性是一種更情緒化的動
物，更會在乎父母對待自己的態度，態度即是一種情緒性的感受。所以，
女性成為情緒化的受傷者的頻率和機率，要遠遠高於男性。男性在這方面
更多地注重個人的獨立性，對父母情感和態度的依賴性要比女性少許多。

（2）

在「邊緣人」的早期生活中，父親常常是缺席的，或者即便在家
中，也發揮不了父親的作用。

父親的缺席，幾乎是一切精神疾病的來源之一。許多邊緣型患者的母親就是邊緣型患者，這樣的女人充滿了全能的自大感覺，在婚姻關係中常常會貶低自己的丈夫，或者使用迎合性的投射性認同，間接地把丈夫變成一個廢人，一個依賴著她才能存活下去的廢人。這樣一來，這個丈夫在家與不在家都是一樣的，無法發揮正常的功能。當然對孩子來說，也就談不上父親的位置。

這樣的媽媽通常因為和丈夫爭執不斷，還會把孩子拉到自己的陣營裡來，共同攻擊他。所以，孩子對爸爸不僅沒有好的印象，還會和媽媽一起貶低爸爸。

爸爸在這樣的家庭裡面的存在，就只是一個形式。

因為爸爸在家庭裡的缺席，兒童這個時候實際上只剩下一個親人，就是自己的母親，孩子和母親很容易形成共生關係。而且，邊緣型的媽媽是歡迎孩子和自己形成共生關係的。

「邊緣人」的媽媽，一般情況下也是一個人格障礙症患者。其實，所有的人格障礙有一個共同點，那就是自我價值感低下，害怕被拋棄。所以，在這個女人的生命裡，總是要牢牢地抓住點什麼，如果無法抓住丈夫，控制丈夫，那麼，抓住孩子也是好的。這樣，孩子和媽媽就很容易共生在一起。

在兒童的分離－個體化（separation-individuation）時期，這樣的媽媽是不鼓勵孩子有獨立的嘗試的，媽媽希望孩子一直依賴著自己，不要離開自己去獨立，為此媽媽會去替孩子做很多事情，讓孩子無法體驗獨自做事所帶來的成長、價值感和價值感所帶來的快樂感覺。孩子因此覺得媽媽很有價值，而自己沒有價值，自己必須依附於一個強大的人，才能生存下去。

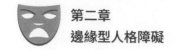
但是，內在始終有獨立需求的孩子，就會在獨立和依賴之間反覆搖擺，痛苦而無法做出抉擇。因為兒童很敏感地覺察到自己如果獨立，就會被媽媽討厭，不接納，那麼，獨立就意味著被媽媽所拋棄，不獨立又意味著自己要一輩子做媽媽的傀儡，所以這個孩子終生都會在親密關係裡體驗獨立和依賴的衝突與掙扎。既想要離開一個人，又會對自己想離開的那個人充滿了內疚，同時也擔心離開一個人之後自己無法面對孤獨的生活。這就是「邊緣人」在情感上的兩難處境。

（3）

臺灣一位教授在講解邊緣型人格障礙的時候分享道：

對於一個小孩子來說，爸爸媽媽持續地不理睬，就是遺棄，對嬰兒來講，是生死攸關的問題。對於父母親關心不關心，注意不注意，小孩子會發展出一套吸引父母親注意和關心的方法來，孩子會耍寶，做很多好笑的事情出來，目的是讓父母不拋棄自己。如果父母親的回應真的讓小孩子覺得，你乖乖的時候我們不會拋棄你，你不乖的時候我們也不會拋棄你，小孩子就可以順利地度過這一個階段。

如果父母表現出，你只有乖的時候，我才愛你，不乖的時候，我就會修理你，這一點對父母來說，似乎很正常，但是，對於一個不到兩歲的小孩子來說，他想破了頭，也絕對不能夠理解這是為什麼，這裡就有可能是創傷的一個起點。

那是一種不安全的依附形態。孩子會傷心、害怕人際失落，經常要和分離對抗，強迫性地尋找關心，氣憤令其失望的重要他人的離開，因為不知道這些人還會不會回來。

（4）

超過了個體的情感所能承載的那個具有衝擊力性質的東西，就是創傷。

創傷並沒有大和小的區別，對不同的個體來說，有時候別人覺得很大的創傷性事件，對一個孩子的心理發展卻並沒有想像的那麼大的影響；而對另外一個孩子來說，有時候很小的一個事件，或者持續性的小事件，也會引起一個孩子很大的反應，形成創傷，這和個體的敏感性和神經質程度相關。

有極少數「邊緣人」的父母，問題並沒有我們想像的那麼嚴重。但是，父母中的某一方因為承接了上一代的創傷中沒有消化掉的那個部分，在父母這一代的身上並沒有表現出來，或者他們很好地轉化了這個創傷。而孩子莫名其妙地承接了祖輩的創傷，從而形成邊緣型人格障礙，這樣的情形也是有的。

當然，大部分的「邊緣人」還是經歷了來自撫養者的虐待，形成了創傷，其終生的症狀似乎都是在反覆地呈現這個創傷的原始過程。

「邊緣人」讓別人所感受到的那些莫名其妙的過激反應，正是自己曾經遭受的那些不能言喻的痛苦的再現，在活現自己過去的經歷，而其身邊的人常常感到不可理喻。

（5）

早年遭受創傷的孩子，會防禦性地抑制自己的心智化能力的發展，以避免意識到自己的撫養者對自己有傷害的故意。

比如一個正在打麻將的媽媽，如果孩子在旁邊不斷地吵鬧，來找她哭訴，這個時候，媽媽有可能起身去暴打自己的孩子，表面上看是因為孩子

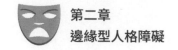
的過錯，而實際上有可能只是孩子打斷了媽媽正在進行的很刺激的賭博遊戲。這個時候，孩子有可能體驗到媽媽的暴打裡，有摧毀自己的可怕力量。

另外一種是長期在婚姻裡遭受老公家暴的女性，也會頻繁地表達要離家出走的意圖，她對自己的孩子的意願是漠視的，孩子其實是能夠讀懂媽媽的情緒的，所以孩子常常感到焦慮不安，不斷地去試圖獲得媽媽的注意。而媽媽因為自己的心情很煩躁，有時候順便「啪」一下，一耳光就打在了孩子的臉上，這個時候的孩子心裡也是知道媽媽對自己有拋棄的意圖的。

孩子對媽媽的需求是絕對的，而媽媽對孩子的需求是相對的。

正是因為我們內心都有想要得到媽媽的愛的渴望，所以我們一直在說「天下沒有不愛孩子的媽媽」。但是，在實際情況中，媽媽愛自己的孩子是一種本能，同時也要面對有沒有能力去愛的現實。而孩子對媽媽的愛和忠誠，卻絕對是第一位的，因為媽媽的愛是孩子正常存活的保證，所以，天下沒有不愛媽媽的孩子。

如果實在是有這樣的孩子，比如反社會型人格障礙，那可能也是因為在媽媽那裡完全絕望了吧！

因此，某些媽媽對待孩子的態度是非常情緒化的，她們在處理和孩子的關係時，可以做出一些讓別人覺得匪夷所思的事情來。她們似乎並不需要過多地去考慮孩子的感受，可能是因為她在潛意識裡知道，無論她怎麼做，孩子都是會依戀她的，而且是絕對性地依戀她。

有時候我們會發現，越是被母親虐待的孩子，越是難以離開父母和家庭。這是很好理解的，被父母虐待的孩子會很自然地覺得外面的人對待自己也是會充滿敵意的，也可能會很糟糕地對待自己，與其被陌生的、不熟悉的敵意所傷，還不如待在熟悉的敵意和傷害裡。更何況父母

的虐待之外，總是伴隨著愛和關心呢！

虐待會使兒童不關注自己的精神世界。放棄對自己精神世界的關注，是因為只要關注，就有可能發現父母對待自己的態度裡有某種無法面對的真相。這一類人，是最堅信父母都是愛自己的孩子的，而且，還不允許別人說自己的父母不好。

患者在早年的生活裡，很難被當作一個有著自己的心理感受的人對待。因此這些患者對自己的感受的體驗非常膚淺，所以對於理解別人的意圖和感受也很困難。

（6）

邊緣型人格障礙症患者和自己的父母之間，在早年一般都是一種混亂型的依戀模式。

在 4 種依戀模式中，這是最後被發現的一種。

嬰兒在和媽媽重逢時，卡在要撲向媽媽還是要站在那一動也不動、癱軟在地的兩難處境中，或者陷入一種茫然的、恍惚的狀態。對這些嬰兒來說，媽媽被嬰兒體驗為愛的對象，但是同時也是危險的來源。按理，兒童受到驚嚇就會逃向父母，但是，混亂型嬰兒卻在這樣的兩難處境中無法行動。

「邊緣人」的媽媽對自己的嬰兒是有愛的，但是因為自己的心智發展得不成熟，情緒不穩定，又會導致媽媽對孩子有虐待的行為發生。所以，嬰兒時期的孩子就會發現和一個人的依戀模式是這樣一種兩難處境，和媽媽分別又重逢之後，不知道是該撲向媽媽，還是在原地不動。

撲向媽媽是為了獲得愛和安撫，原地不動是因為那個媽媽曾經傷害過自己，帶給自己痛苦的體驗……

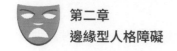

▊我到底想要怎樣的感情？▊

（1）

邊緣型人格障礙診斷標準的第一條是：瘋狂努力以避免現實中或者想像中的被拋棄。

男友或丈夫不在身邊的時候，她們常常會感覺不到自己的存在。如果和他失去聯絡的話，那簡直就是要命，她會不停地傳簡訊、LINE 或者採用其他任何聯絡方式……

他對她的黏附終於受不了了，開始冷落她的時候，也相當於是對「邊緣人」拋棄的象徵性時刻。這個時候，她要憤怒，要報復，其實也會恐慌，但是她不想去乞求，因為她看不起乞求狀態下的那個自己，而憤怒的自己是有力量的……

害怕被拋棄，這是邊緣型人格障礙的一個核心症狀，其他幾個症狀也和這個相關，也可以由這個引發。

在一段親密關係裡懼怕被拋棄，其實是我們所有人都會有的擔憂，只是我們一般人的自我價值感在一個正常的水準，我們對於自己會被愛尚且足具信心。所以，雖然我和他鬧矛盾，但是我們不會擔心關係就如同斷線的風箏一般脆弱 —— 他走了就不會回來了，或者他和我冷戰的時候，就是準備拋棄我的前奏。我們對關係能夠有一種信任，他的情緒表達完了之後，他還會回到關係裡來的。

但是「邊緣人」就沒有這麼幸運了，她們早期和撫養人建立關係的過程中，充滿了不確定性，她們對於自己會不會被接納、被愛，充滿了懷疑。所以她們和愛人鬧矛盾以後，對於愛人還會不會回來，會不會在乎她，把她捧在手心，充滿了不確定的感覺。

還有，心理正常的人在頭腦裡已經實現了客體恆常性，所以能夠保留客體在頭腦裡的意象。這樣，這個客體不在身邊的時候，照樣可以安撫我們，他還會回來的，他是愛我的。而對一個邊緣型人來說，她還沒有來得及完成客體的恆常性階段就過渡過去了。所以，當重要他人不在身邊的時候，她就沒有可以調動的影像資源來安撫自己。

因此，她們對於別人的慢待和拋棄，充滿了說不清楚的恐懼感。所以，別人對待「邊緣人」的方式，其實是把她早期的創傷重新觸發了，懼怕被拋棄，就是「邊緣人」的「按鈕」，任何觸發這個「按鈕」的人，都會引發「邊緣人」過激的反應。

「邊緣人」和別的人格障礙的區別之一是：雖然她們受到過軀體或者情感上的虐待，但同時她們也是得到過愛的孩子，她們品嘗過被愛是什麼滋味。所以，如果說被愛的體驗就是一顆糖的味道，她就如同一個孩子，一個一定要得到那顆糖的孩子。雖然她總是記不起在吃到那顆糖以外的時間，她也在遭受虐待，但是，心中有一顆糖，她就寧願相信那個客體始終會給予她糖的味道。

被懲罰是被拋棄和被拒絕的時刻，被愛是一顆糖的安慰和愛又重新回來的象徵，她就搖擺在這樣的兩極狀態之間，不斷地失落，又不斷地追尋。

（2）

你以為邊緣型人格障礙真的就只有那一面，害怕被拋棄的那一面？

不，你想錯了，你至少沒有想像完全，她們還有另外一面，那就是在內心想像過一萬次要離開她的親密關係裡的那個人，或者說叫拋棄他。

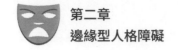
觸發「邊緣人」想要拋棄對方的理由可以有一萬個，但是這一萬個理由都可以濃縮成為一個：就是你傷害到她的自尊心了。

什麼叫你傷害到她的自尊心了呢？她傳出去的訊息，你回的時間晚了，或者，她傳了 200 個字，你回了 20 個字；分開的時候，她更需要你和她每天都有聯絡，而你竟然可以很多天都沒有傳任何訊息給她；冷戰的時候，是你先發起的，而且你還不先去哄她；她交代給你的某件事情，你竟然忘記了，她感覺被忽略，她不重要……

類似的例子數不勝數。

什麼叫你傷害到她的自尊心了呢？就是在關係中，你居然是被動的那一方！她很需要知道，有個人需要她，記得她，覺得她很重要，而你的感受居然比她的感受重要。單憑這一點，她在內心裡已經把你「拋棄」了一萬次了。

（3）

你符合我的期待的時候，你就是有價值的。

你反覆地無法滿足我的情感需求的時候，我就記不起你曾經對我的好，不能滿足我的客體，就是壞的客體，所以我反覆設計離開你。但是因為投射性認同，我會覺得你也很可憐，而且離開你，又有誰來愛這個顧影自憐的我呢？所以又總是無法離開。

「邊緣人」的感情，是一種非常矛盾的存在。

看起來，她們因為懼怕被拋棄，所以對於生命中遇到的人都充滿了比一般人更多的依戀，甚至迷戀。在迷戀對方的過程中，甚至共病出來一種依賴型的人格特質。但是，所有的這些感情都具有迷惑人的特質，都只是在對方滿足她需要的時候表現出來。當對方一旦有對「邊緣

人」的否定和拋棄的蛛絲馬跡顯出來的時候，對方對她就是一個危險的存在，她會在內心快速地否定掉對方的存在，會試圖在對方拋棄自己之前，先把對方給拋棄掉。

這樣的拋棄，當然不是實際的拋棄，我們看待一個疾病或者心理現象的時候，一定要注意用象徵的方式去理解這裡的拋棄：有可能是冷戰，我不理睬你了；有可能是一個宣告離去的威脅；有可能是一個說要斷絕關係的試探；也有可能是真正的轉身離開……

無論先前那個人對「邊緣人」有多麼好，都抵擋不住那個人的一個轉身，忽略了「邊緣人」的感受，就被「邊緣人」拋擲在自己感情世界的荒郊野嶺。所以，從這個角度來看，「邊緣人」是沒有感情的。

她們要的是自己拿捏得穩的那種感情，她們要拋棄的是自己沒有把握的感情。一切都以自己的需求為準則，除了這個，別的都不重要。

「邊緣人」雖然非常懼怕被拋棄，但是，在她們的內心世界裡，卻是隨時都蘊藏著拋棄那個男人的想法的。

「邊緣人」大部分時候是感情非常豐富的人，有時候卻是一個很冷血的人，這個星期把你看成天使，下個星期把你看成魔鬼。在這樣的視界之下，所謂的感情都是一種極端的變幻而已，不真實。

「邊緣人」對他們的治療師，一樣有這樣的無情。

一個諮商師曾經對一個「邊緣人」做過為期兩年的長程治療，然而就在一次諮商師對來訪者共情失敗以後，來訪者在後面一次治療裡對諮商師說：「妳算什麼治療師哦，水準這麼低，我都快要懷疑妳的專業性了，我準備終止我們的諮商……」

當然後來因為其他原因，他們的諮商沒有終止。但是我那個諮商師朋友說，來訪者的無情還是傷害到了她。「邊緣人」會因治療師共情失

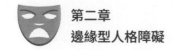
誤、漲費用或者治療師度假等諸如此類的事情，就把先前治療師給予她們的幫助通通忘記，眼裡只有一個冷酷的治療師和自己要狠狠地報復這個冷酷的治療師的衝動。

她們無法把後面感受到的這個「犯錯」的治療師和前面無數次關懷和共情她的治療師連繫在一起。所以，當後面的印象遮蓋住了前面的印象，「邊緣人」採取的措施是，一棍子「打死」這個治療師。

所以，一些諮商心理師是不會輕易地接邊緣型人格障礙症患者的，尤其是那些自我沒有修通的治療師，遲早是會受傷的。雖然治療師大多經歷過個人體驗，對於自己的缺點也有清晰的認知，但是人和人之間相處久了，治療師的一部分自體客體也會放置在來訪者那裡，來訪者在某一個時刻對治療師所做的工作和人格的徹底否定，也會讓治療師在那一個時刻被傷害，這就是我們職業生涯裡的「情感殺手」。

（4）

治療師常常在「邊緣人」對待人嚴苛的那一面裡，體驗到和她們的孩提時代相通的感受：她們曾經的客體對待她們「犯錯」時候的嚴苛和一票否決時候的決絕，「邊緣人」認同了施虐者的這個部分，然後散發出那樣嚴苛的氣息給治療師。

這裡的角色配對是：

甲方：一個始終盯著孩子的錯誤，並且絕不放過孩子錯誤的父母。

乙方：一個戰戰兢兢，害怕父母因為自己微小的錯誤就不再愛自己，還會嚴屬懲罰自己的孩子。

因為內在裝著這樣嚴苛的角色，所以「邊緣人」對待現實世界中的客體，一樣也是嚴苛的，如果你有讓我不滿的時刻，我也會拋棄你。

　　因為她沒有辦法在頭腦裡整合一個完整的、有好有壞的客體，她只想要一個完美的客體，如同當初她的父母想要一個完美的、不會犯錯的、能夠隨時順遂自己心意的嬰兒一樣。

　　那麼，不完美的客體的命運是什麼呢？是死。象徵性的，我不要你了，你在我的世界裡就死亡了，消滅了。

　　所以，一個真正的「邊緣人」，是具有無情無義的特質的。

　　但是，矛盾的地方往往在於，她們的大腦裡會有一些機械死板的、嚴厲單調的超我在懲戒自己：我不能輕易地去拋棄一個人。

　　這樣的超我，很像是在無意識層面把配偶看作母親，然後產生對待母親般的忠誠，「邊緣人」和母親的關係有衝突，也有無法分離的那一面。

　　這種超我有時候來源於自己害怕被拋棄的想法，投射給了對方，覺得對方被拋棄之後會有多麼可憐。「邊緣人」在幻想層面上，常常處於拯救者的妄自尊大的角色中，她們會誇大她們的離開帶給對方的傷害，陷入道德上的自我譴責中，左右為難。這不是真正的出於對對方福祉的關心，而只是因為無法面對大腦裡「我不是一個好人」的很機械的自我評判，以及在這樣的評判下，在想像層面會遭遇的道德懲戒的一個後果而已。我甚至可以感覺到，在「邊緣人」的早期生命裡，那個客體給予她的單調的道德說教以及這背後的無數帶有懲戒和惡果意味的隱喻和暗示。

　　很簡單，「邊緣人」的撫養者一般也是心理有嚴重問題的人，他們自身的不安全感肯定會傳遞給這個孩子，讓孩子成為簡單粗暴的道德律令的裹挾者和犧牲品。這是撫養者和孩子之間的無數次投射性認同之後的一個結果。

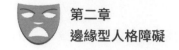
所以，她們沒有穩定的價值觀，不知道這個男人能夠帶給自己怎樣的生活，或者說，怎樣的生活對於她們來說，才是她們可以安然地待在裡面的生活。

或者說，其實不論怎樣的生活，都是一種有欠缺的、永遠不會得到情感上滿足的生活。從理論上來說，即便這個男人提供給她的是一種完美的生活，她依然會在雞蛋裡挑骨頭，找到痛苦的來源，因為在她的內心始終有一個巨大的匱乏，而這個匱乏是一個配偶在短期內無法完全去填補的。所以，「邊緣人」和她的配偶在婚姻裡會遭遇無數的挫敗，那幾乎是注定的。

有時候，她們遇到的的確是渣男，但是這個時候，她們內心對於自己應該得到的那份正常的感情生活，沒有一個範本可資借鑑。所以，她們依然會待在一段感情品質低劣的關係之中，在離開與留下之間長時間做無謂的掙扎，而很難有一個真正的抉擇。

這是因為，她們頭腦裡沒有很清晰的建構，是離開一段關係，還是留在一段關係之中？什麼對自己才是合適的？因為沒有清晰的自體意象和客體意象，所以，恍惚而持續終日的感情掙扎成為「邊緣人」情感生活的主要內容。

也因此，焦慮是她們所有情緒的底色。

（5）

在治療室裡面，當一個來訪者將我理想化的時候，我心裡會本能地聯想到她下一步也很可能因為我的一些過失就否定我，拋棄我。因為既然她很容易理想化一個人，常常也提示她很容易否定一個人。

她們對待同一個人的態度往往非常矛盾，前後差異蠻大的。

「邊緣人」的內在世界是分裂的，這一刻，你給了她許多的愛，她的內在充滿了一個無限關愛的父母的客體意象和一個被溫暖融化的有價值的小孩的自體意象。但是，下一刻，當男友或丈夫對她的態度有些冷落的時候，她頭腦裡就充滿了一個拒絕型的父母的客體意象和一個脆弱的、無價值的、即將被拋棄的小孩的自體意象。

前一個配對發生的時候，她是喜悅的、滿足的；後一個配對發生的時候，她是容易暴怒的和自傷、傷人的。兩個配對在發生的時間上距離哪怕很短，她頭腦裡都無法整合出來，那個愛她的和激怒她的人是同一個人。

所以，她們在愛的時候會很愛對方，恨不能和對方融合成為一個人。在恨的時候可以對對方毫無感情，甚至充滿了報復的意味，等到下一刻對方又對她好的時候，她已經記不起之前是如何恨那個人了。

這個在防禦機制上說，叫做分裂。

分裂導致 BPD 無法對一個人形成連貫的、穩定的感知覺。

▌討厭任何規則和束縛的「邊緣人」▌

（1）

遵守規則對於一般人來說，是他們和這個世界進行協調和合作的前提。然而對於「邊緣人」來說，規則是一道唐僧的緊箍咒，遵守規則是一個關於生和死的兩難問題。

邊緣型的孩子在童年時期，一般都遭受了撫養者的虐待。這些虐待有的是肉體的，有的是精神的，不論是肉體還是精神，都具有一個明顯的特徵，那就是隨意性，媽媽是根據心情來決定孩子的「生死」的。

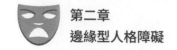
當一個媽媽懲罰孩子，不是為了孩子的正常發展，而是由於媽媽情緒失控，需要發洩的時候，就是一個孩子可能面臨精神結構上的象徵性「賜死」的時刻。孩子這個時候會驚恐地發現，平時寵愛自己的媽媽，在這一刻突然變了一個人似的，不僅把所有的愛收回去了，而且會給予自己無法理解和承受的懲罰，這些懲罰通常是偏向嚴厲和嚴苛的，是一個孩子很難理解和接受的。在這一刻，這個孩子遭遇了一次對自己很大的否定，在媽媽這面鏡子裡，看到了一個不被接納、不被喜愛的，突然間完全失去價值的自己，這就是一種精神上的「賜死」。

因為規則是施暴者的規則，帶有隨意性，每一次被虐待都不是因為孩子犯了出格的錯誤，而是看施暴者的心情而定的。

比如一個堅持跟媽媽要玩具的孩子，在地上哭鬧甚至打滾，媽媽在心情好的時候會去把孩子抱起來，問他：「乖乖，我們等媽媽的薪水發了再去買好嗎？」但是，媽媽如果心情不好的時候，就會直接上去，把孩子揪起來，打屁股，或者直接走人，不再理睬這個孩子。孩子看到媽媽這樣，可能會很恐慌，只好從地上爬起來，跌跌撞撞地跟著媽媽離開……

這就是一個「邊緣人」的媽媽的典型形象，媽媽對孩子是充滿愛的光輝還是恨的陰霾，完全看媽媽的心情。

所以，這個孩子會怎麼去看待規則呢？我不能在地上打滾去要自己想要的東西，這是一個規則。但是，這個規則帶有太強烈的隨意性，有時候我打破規則，媽媽也會給我愛；有時候我打破規則，媽媽則會嚴厲地懲罰我。

無論施暴者怎麼施暴，BPD 的孩子一般都不會求助，因為這些孩子意識到那是施暴者的需求，所以抱著即便被打死也不求饒的決心。

這樣的事情如果發生的次數多了的話，這個孩子就會成為一個對抗規則的人。

　　如果拿「邊緣人」和迴避型人格障礙症來對比的話，他們有兩類完全不同的媽媽：「邊緣人」的媽媽對孩子是有愛的時刻的，雖然它背後隱藏的實際上是一種心理等同的模式，就是媽媽在愛孩子的感覺層面上不斷體會到的是要好好愛自己，媽媽在無意識層面把孩子當成了自己來愛。但是，在媽媽給出這個愛的時刻，孩子感覺到的的確是被愛。然後媽媽還有一個對孩子施虐的時刻，在這個時刻，媽媽同樣處於一種心理等同的模式下，分不清楚她是在恨孩子還是在恨自己。

　　但是迴避型的孩子的媽媽，對待孩子通常只有一種模式，那就是忽略。迴避型的媽媽對孩子沒有愛嗎？那當然也不是，但是這個愛是非常隱匿的、羞於表達的、很淺淡的，淺淡到孩子幾乎感覺不到。

　　如果拿這兩類孩子來做對比的話，實際上迴避型孩子的心理結構要相對穩定一些，即媽媽都不是好媽媽，但是迴避型孩子的媽媽對待孩子的態度是始終如一的；而邊緣型孩子的媽媽對待孩子的態度是變幻莫測的，正是這種變幻莫測讓這個孩子對於規則產生了非常矛盾的態度。

　　所以，當「邊緣人」的媽媽懲罰孩子的時刻，孩子會本能地從媽媽的隨意性中感受到這個懲罰背後的寓意，那就是媽媽倚仗著自己站在媽媽的位置上的一種強權，對自己施加媽媽的「規則」，而這個規則不是孩子的規則。那些懲罰的背後，通常都是在這個年齡階段的孩子會犯的那些正常的「錯誤」，普通的媽媽也可能會因為這些錯誤而懲罰自己的孩子，唯一不同的是，普通的媽媽在懲罰的時候，愛還包含在這個懲罰裡，所以不會有一種過度的懲罰。而「邊緣人」的媽媽在懲罰孩子的那一刻，把對孩子的愛拋擲了，只留下對孩子的恨，而這種恨很像是因為把孩子看成自己的一個部分，而這個部分居然可以不按照自己的心意來「出牌」的恨。這個時候的媽媽猶如一個失去理性的成年人，要把自己

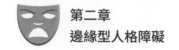
內心關於「對」和「錯」的評判做一個截然的區分，傳遞給這個孩子。在那一刻，「邊緣人」的媽媽內心只有對自己認為是「對」的堅持，對「錯」的憎恨，孩子這個時候代表著「錯」，是一個該「受死」的存在。所以那一刻，「邊緣人」的媽媽會把自己的媽媽對待年幼時候的自己犯錯後的懲戒裡的暴怒和敵意，一股腦地發洩到年幼的孩子身上。

所以，這個時候的孩子感受到的規則背後，就會有一種媽媽要把自己消滅的恐懼。

那麼，「邊緣人」在成年以後，會如何去看待規則呢？

是否所有的規則背後，都隱藏著一種會吞噬自己的力量？是遵守規則呢，還是對抗規則？這是「邊緣人」一個永遠的兩難問題。遵守規則，就是對權威屈服和低頭，但是權威在象徵層面上又是一個類似淫威的角色，不具有真正的權威性。對抗規則，則可能連最後一點被愛的希冀都沒有了。

（2）

大部分的「邊緣人」，拖延症現象都很突出。

拖延症就是無法遵守規則的變形體驗。「你」要求我在什麼時間、什麼地點、以怎樣的品質來完成某件事情，我明明是可以做到的，但是，如果我按照「你」的規定去做了，我就渾身不自在。我始終要對抗，我要按照我自己的速度、自己想完成的時間、自己想完成的效果去做。所以，我常常是拖到事情的最後截止日期來做這件事情，雖然要熬夜，雖然我常常影響到自己的前途和利益，雖然我知道我不該這樣，但是我又會莫名其妙地去這樣做。

沒事找事，拖延症也是某種被動攻擊的表現。

（3）

在心理治療中，打破設置，是「邊緣人」常常做的「好事」。

她很難遵守設置來到我的諮商室，如果說是 10 點開始，她常常 10:15 才會到，或者事先也不通知，就擅自取消這次諮商，雖然會有一些經濟上的損失作為懲戒，但是你別指望她會因為這些懲戒就輕易地改變自己。破壞規則，是他們內心自我保存本能的一種反射。

下面是一些邊緣型人格障礙症患者的素描：

她說：「我沒有辦法做朝九晚五的工作，我無法在一個被別人決定的體制下生存，每天早上打卡，晚上打卡，這樣的工作制度會讓我有窒息一般的感受。如果還有工作目標、考核任務，我會感到我在看人臉色而活著，如果完成，那個人就可以給我『愛』和認可；如果不能完成，他會讓我感受到什麼？這些東西我都不想再去經歷，我想迴避這種被人鉗制著的生活……」

她說：「我很討厭我老公對我規定一些東西，他不希望我再做這樣沒有保障的自由職業，他不知道我去正常上班我會死，我很討厭他告訴我應該做一個怎樣的家庭主婦，把家裡收拾成怎樣的，我喜歡把東西扔得到處都是。但是，當他真的變得邋遢的時候，我卻又如同強迫症一樣地要把每樣東西都放到應該放置的位置，我每天必須洗澡和換內衣內褲，否則我會受不了……」

她說：「一本書，我甚至不能從第一頁讀到最後一頁，我總是要挑著讀，從中間的某一個部分讀起，這就如同那個時候我總是要被迫去聽母親的嘮叨，我很想封住她的嘴，但是我做不到……書裡的話語，也如同一個人試圖在告訴我什麼，如果我從頭讀到尾，那就是能夠去接受別

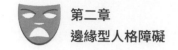
人的話語，但是在這個細節上，我都想要有自己可以選擇的可能性，所以我會選擇我想聽哪一段就聽哪一段，而不是被作者牽著我的耳朵和心靈，跟著他的思維走……」

她說：「如果約會，我總是會遲到，我無法容忍自己去等待別人，他不來的那一刻，也是我如坐針氈的、如同被拋棄的一刻，所以我總是遲到……」

她說：「你知道我的感受嗎？我心裡說，你知道我的感受嗎？如果你的感受那麼重要，已經吞沒了我，我是沒有心理能量去顧及你的感受的……好吧，那我們以後就不要聯絡了……望著一次又一次失敗的情感連接，我心裡在哭，但是我臉上在笑，世界在我面前常常崩塌，所以我內心常常是破碎的……」

（4）

邊緣型人格障礙症患者的媽媽和她自己，其實內心沒有能力建立起真正的規則，她們根本不知道自己想要的是什麼。所以，她們的規則更多的像是一種對於別人的規則的模仿以及自己在情緒失控的時候的一種發洩罷了。

我們會去遵守一個規則，是因為我們知道大部分的規則都是保護我們的。如果某些人一定要去對抗眾多的規則，恰恰是因為他們感知到了規則對他們是一種束縛，一種踐踏，規則並不是來保護他們，讓他們生活得更好的一種存在，規則只是制定規則者的一種濫用權威的象徵，所以他才拚盡全力去反抗。以至於到後來，面對大部分的規則，他都只剩下反抗的本能和純粹的防禦，而不去問那個規則背後的真實意圖了。

▌邊緣型人格障礙的內心戲▐

（1）

　　她們會常常感覺到空虛，這是自體意象沒有能夠完整地建立起來的緣故。

　　她在夏天的時候，不管穿什麼裙子都是長袖的。如果把手臂上的衣袖揭開，很可能是一條一條割傷自己手臂的疤痕。

　　我在醫院的時候，就看到過一個 18 歲的邊緣型人格的女孩。那女孩長得非常漂亮，但是，她卻有一條無法讓人直視的手臂。她很冷靜地對我說：「割手臂的時候，我才能感覺到自己的存在。」

（2）

　　「邊緣人」看待人和事情的時候，常常表現出單向思維。

　　單向思維，也可以叫缺乏心智化的能力，缺乏理解別人心理的能力。

　　她們在幼年的心智發展階段中，一直停留在偏執－分裂位置，還沒有進入憂鬱心理位置。所以就和皮亞傑（Jean Piaget）的三座山測試（Three Mountains Task）裡的孩子一樣，只能看到我能看到的世界，無法進入別人的視野裡去看事情。

　　也因此，她們很容易產生憤怒。

　　如果用自私這樣的帶有道德譴責色彩的字眼去評價「邊緣人」，顯然把「邊緣人」的人格發展水準估計過高。這就如同你希望一個自閉症的孩子在媽媽離開的時候表現出情感一樣，是不太可能的。這是發展上的缺憾，和自私無關。

　　但是這樣的品性帶給親密關係裡的人的體驗就實在是太糟糕了，對

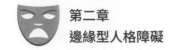
方體驗到的永遠是：你的感情很強烈，你的需求太豐盛，而我的感受和需求永遠不重要，永遠得讓位於你強烈的需求。

一位邊緣型人格的女性，因為總是覺得丈夫沒有滿足自己的一些需求，所以反覆思索，想要和丈夫離婚。但是，從旁觀者的角度來看，那個丈夫已經是一個足夠好的丈夫了，而她本人對這一點，並沒有很現實的知覺。她的情感需求非常旺盛，也很豐富，而她那木訥和遲鈍的丈夫顯然怎麼也應對不了她的需求，所以她時常失望，時常覺得丈夫故意為難她，時常感覺到在婚姻關係裡自己沒有多少價值感，時常感覺到挫敗。那正是因為她嵌入在自己的體驗中，而無法分出另外一雙眼睛來觀察對方的感受。

所以這樣的體驗是一種要命的體驗，在這個體驗之中，她的思維是單向的。

當然，「邊緣人」也有一系列的方法讓配偶留在她的身邊。一般情況下，「邊緣人」的配偶的人格功能不可能很高。選擇「邊緣人」的男人，同樣具有低分化的人格特質，他們也同樣難以從這段關係裡拔出來。所以，他們往往成為「邊緣人」投射性認同裡面的「菜」，然後持續地待在一段體驗並不是很好的關係裡面。

但是，「邊緣人」對配偶在依戀時的強烈程度以及願意為了愛情飛蛾撲火時的激情，也會常常感動對方。「邊緣人」雖然會有折磨人的一面，但是也有對感情非常真摯和濃烈的一面，有願意為了對方付出許多的決心。所以，這也是一些人甘願留在邊緣型人格障礙症患者身邊的原因。

另外，還是會有一些成熟的人，因為迷戀上「邊緣人」的特質，能夠涵容「邊緣人」的胡攪蠻纏。長期的互動之後，這樣的人可以治癒「邊緣人」的心靈創傷。

「邊緣人」在中年以後，邊緣性通常會下降許多。

（3）

邊緣型人格障礙症患者的注意力很難集中稍微長一點的時間。

即便是在心理諮商的過程裡，她們談論一個話題的時候，也很容易轉移話題，跳躍到另外一個話題上。當諮商師說話的時候，她們能夠靜下心來聆聽的時間並不多，她們搶話的時候倒是非常多，這很容易使我感到她們是否認為自己的意見一旦產生就要迅速表達，否則就會被忽略過去，或者被搶話。

因為注意力不容易集中，她們平時工作學習的效率都很低，做一件事情的時候會想起另外一件事情，常常在做一件事情的時候，伴隨著焦慮，然後需要透過別的方式來緩解焦慮。但許多「邊緣人」是非常聰明的，智商很高。即便是在這樣的情況下，也能夠取得高學歷，這也是讓我很吃驚的地方。

有人說「邊緣人」是創傷後壓力症，這個我覺得有道理，因為童年時期的被虐待的經歷，的確如同夢魘一般，讓她們的生命充滿著無處不在的焦慮。這樣的孩子注意力要能夠集中的確不容易，她們得隨時提防著被懲罰，隨時提防著自己哪個地方做得不好，會讓媽媽不開心。因為在那些不安全的依戀形態裡面，孩子不得不分散自己的注意力，以便核實和確知自己是處於安全的境地。

（4）

「邊緣人」總是會感覺到自己很委屈，彷彿別人欠了她很多心債一樣。

這個很好理解，她們的情感需求比一般人更旺盛，而且她們覺得伴侶就應該是天經地義地滿足自己需求的那個人。在這裡，伴侶通常被投

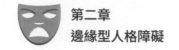
射為幼年時期的那個媽媽，所以，一旦伴侶無法滿足她的需求，她就會委屈、傷心、落淚，甚至直接攻擊伴侶。

（5）

她們特別喜歡貶低別人。

她們常常會貶低男友或老公，或者和他相關的一切，讓他覺得自己毫無價值……

她常常在語言上虐待他，把他說得一無是處，或者罵他的某個過錯到極點，這個時候，她內心充滿了施虐的衝動。然後，他也會離家出走，這個時候她會慌張的，她會幻想他在暴雨中出了車禍，然後回不了家了，或者遇到什麼危難，導致身體出問題。然後，她開始自責，開始痛恨自己為什麼要折磨他，她開始拚命地吃東西，緩解自責，甚至拿水果刀來劃自己的手臂……等到他平安回來的那一刻，她緊緊地抱住他，彷彿再也不要離開他，他是她的生命，他是她的一切……

每一次她折磨他之後，他們都會非常甜蜜地度過一段時間，然而，過不了多久，一切都會重蹈覆轍……

因為時常感覺到自己很委屈，而「邊緣人」又不會採用壓抑這樣高級的防禦機制，所以，一旦感覺到委屈，她們會透過話語或者行動立刻爆發出來。她們無法控制自己的情緒，延遲滿足。

攻擊性常常表現在貶低、侮辱、歧視、輕蔑、拿對方和別人去做比較等刺激對方自尊心的言行上面。所以，一個男人和「邊緣人」在一起的時候，常常不會有正常的性功能，因為這些話語足可以「閹割」一個男人。除非這個男人是一個可以涵容（containment）和駕馭她的人，否則他一定會在「邊緣人」這裡失去自己的尊嚴。

（6）

偏執分裂是其病理核心。

年少時我們得到的對待，往往成為我們怎麼去理解世界的感知範本。如果一個孩子沒有被很好地保護，她可能會覺得這個世界非常危險，對世界充滿了敵意。

為了繼續防範外界對我的傷害，所以我要保護頭腦裡好的部分，這樣，好和壞就被分裂開來了。

在她們的認知層面，會表現出如下病態的核心信念：

✎ 其他人是充滿惡意的，不能被信任的，他們將會遺棄我或者懲罰我；

✎ 我將永遠孤獨，你們最終都將會離我遠去；

✎ 我是不可愛的，我沒有價值，沒有人會關心我。

（7）

她們大腦裡隨時會出現自動化的負性評判。

所有的心理疾病患者都是不良評判的受害者。

當一個人被打或者是被罵的時候，總是因為撫養者對孩子的言行有一個評判的結果：你這件事情做錯了，所以我們要打你；你那件事情搞砸了，所以我們要罵你……你怎麼這麼笨，這麼愚蠢……久而久之，孩子會內化撫養者的這些評判，並且帶著這些評判走天下，哪怕出國也一樣，父母的評判如影隨形，形成一個嚴厲或者嚴苛的超我，時刻監督著這個人的一言一行。

所以「邊緣人」的內心住著一個非常嚴苛的父母形象，這固然是其焦慮的來源，但同時也是她對待別人時候的一種常規態度。當然，這也

117

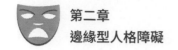
會成為她在自己做事時候的自動化負性評判。

在辯證行為療法裡面，有很多去負性評判的冥想方法，可以指導「邊緣人」一步一步走出這樣的不良評判。但是因為「邊緣人」習慣性地無法聽從指令以及注意力難以集中，所以這些冥想，如果能在專業人士的幫助下進行，效果會更好。

（8）

她們和父母的關係非常複雜，如同搖擺在共生期（6個月前）和實踐期（10～16個月）的孩子一樣，既想要和父母分離，但是又無法做到分離。因為媽媽不喜歡一個獨立的孩子，所以每當她們要獨立的時候，都會充滿了焦慮。

她們會成為機械地孝順父母的孩子，甚至和父母一直處於共生的關係之中。因為自己的存在很少被父母真實地看到，所以她們在學業、工作和孝敬父母上的努力，都是為了讓父母看到自己的存在。

因此，每天該做什麼，不該做什麼，似乎也是機械的。如果做了該做的，內心就會安定；做了不該做的，內心就會責怪自己。她們身體上似乎安裝了一個自動的獎懲機制，時刻都在運行，你說她們能夠輕鬆得起來嗎？她們能不焦慮嗎？

所以，她們會把自體當作實現某種人生目標的工具，把自體工具化之後，「邊緣人」要面對的是自我的異化和內心對這種異化的反抗。所以，她們的內心常常充滿掙扎，也就不奇怪了。

（9）

如果配偶常常出去玩耍，或者在患者身邊打遊戲，或者沉迷在自己的事業中，患者就會體驗到被拋棄。她心中充滿了仇恨和報復的想像或

者是行動，或者不斷發出一些令人困擾的信號，讓對方不得不把注意力重新拉回和患者有接觸、有連接的狀態。

一旦得不到關注，患者的內在世界是不安定的、慌亂的。一個被忽視的、可憐的、無助的自體意象就會出現。

配偶常常無法理解患者這樣高強度地黏附著自己，他們會感覺到被控制與被監督，也會試圖擺脫患者對自己的依賴，但是這會引發更大的衝突。

當他們受不了了，試圖擺脫「邊緣人」的黏附的時候，「邊緣人」還會有更進一步的瘋狂舉動，比如自殺的威脅。

而「邊緣人」的自殺常常是為了吸引關注或者懲罰配偶。但是，這並不意味著她們的自殺威脅不會真實地發生。

（10）

我曾經為一些邊緣型人格障礙症患者做過這樣的一些客體關係配對。有時候，對其他類型的人格障礙症患者，我也會習慣性地去給她們做一些客體關係配對，其實這樣的內在配對，在許多普通人的內心也是存在著的，只是程度不同而已。

在這樣的一些配對中，我們在想像世界裡，時常搖擺在甲和乙之間，舉例來說，有時我們是某個配對裡的甲，別人是乙。過些時候，我們又是某個配對裡的乙，而別人是甲。在這樣的事情發生的同時，可能還存在著我們對別人使用了投射性認同，當然，如果別人認同了，我們的投射性認同就完成了。

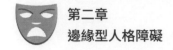
第一個配對：

✎ 甲：一個做錯事、說錯話的孩子。

✎ 乙：一個嚴厲的、堅決不饒恕，一定要狠狠地懲罰和報復才能平息怒火的撫養者。

第二個配對：

✎ 甲：一個委屈的、覺得全世界都虧欠自己的孩子。

✎ 乙：一個曾經傷害、虐待或虧欠過孩子的撫養者。

第三個配對：

✎ 甲：一個被利用（被玩弄）的、被剝削的、無助的人。

✎ 乙：一個剝削的、利用的、無情的人。

第四個配對：

✎ 甲：一個不可愛的、毫無價值的孩子。

✎ 乙：一個自私的、不會欣賞、不會讚嘆、看不見孩子的優點和可愛之處的大人。

第五個配對：

✎ 甲：一個無能的、愚蠢的自己。

✎ 乙：一個輕視無能和愚蠢、欣賞聰明的他人。

第六個配對：

✎ 甲：一個沒人要的孩子。
✎ 乙：一個冷酷無情的、隨時可能拋棄他人的人。

第七個配對：

✎ 甲：一個被過度照顧、關愛、呵護的孩子。
✎ 乙：一個慈愛的照顧者。

第八個配對：

✎ 甲：一個脆弱的、需要被拯救的孩子。
✎ 乙：一個理想化的、無所不能的、全知全能的拯救者。

第九個配對：

✎ 甲：一個壓抑憤怒、不敢表達負性情緒的人。
✎ 乙：一個無法接受憤怒、覺得對方的憤怒後面隱藏著對我不利的元素的人。

第十個配對：

✎ 甲：一個隨時得提防著被迫害、被陷害或被收拾的人。
✎ 乙：一個無所不在的迫害者。

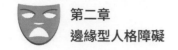
第十一個配對：

✎ 甲：一個一舉一動似乎都被人看著、無法逃遁的人。

✎ 乙：一個有能力遍布羅網、讓人無所逃遁的人。

在這些配對中，來訪者主要的客體關係都是負面的。唯一的正面的配對是第七個配對。但是，這唯一的愛的配對，總是受到其他負面配對的毀滅性影響，使來訪者在人際關係中體驗不到正性的力量。諮商的內容之一，就是一個一個地去為來訪者呈現這些配對，配對分析結束的時候，來訪者有可能面對一個真實的客體，而不是現在這樣歪曲的、病態的知覺客體。既傷害別人，也傷害自己。

我們的自我，一般情況下有行動自我、體驗自我和觀察自我。這三個自我分得越開，我們的心理就越健康。對於邊緣型人格障礙症患者來說，在三個自我中觀察自我的力量不足，這使得來訪者總是嵌入自己的感受之中，無法把自己從強烈的自身感受中抽離出來，用一雙觀察的眼睛冷靜地看待自己在關係中所處的位置。

▍調適你的糟糕心境，有「八段錦」▍

（1）

在這麼多年的臨床工作中，我總結了一套調適一個人的糟糕心境，甚至惡劣心境的包括 8 個步驟的方法，我戲稱為「八段錦」，分享給大家。

這套「八段錦」，很適合邊緣型人格障礙，但是也適合其他人格障礙以及普通人當中比較容易情緒化的人。

　　還是那句話，邊緣型人格障礙症患者以及其他類型的人格障礙症患者和普通人之間，在面對同一個情境的時候產生的情緒反應大致是差不多的，只是其內在的病理性程度更重一些，所以引起其激烈情緒反應的事件範圍要大一些，反應速度更敏捷，情緒強度更大一些。所以，這些調節情緒的方法，對我們所有人都是適用的。

　　這個「八段錦」主要針對的是情緒化類人格的認知而工作的：

　　第一，你不可能讓所有人都對你的言行完全滿意，你總會有讓某個人對你失望、生氣或者憤怒的時候。

　　第二，就算是真的惹到他了，他生氣了，他的憤怒也不一定是「毀滅」性質的。就是說，他不會因為你說錯一句話，做錯一件事情，就全盤否定你，就要和你斷絕關係。他只是在表達他這個時候對你的氣憤，只是對你的某個言行的氣憤，而不是針對你的整個人。

　　第三，他是有權利表達他的不滿和氣憤的。

　　第四，任何人的情緒都有一個規律，就是這個情緒有一個升起、高潮、平復、消失的過程，你能夠做的就是等待，等待對方把他的情緒消化了，然後恢復和你的關係。如果在這個過程中，你因為感到被對方冷待，很不舒服，要去做點什麼來挽回的話，通常都有可能是沒有照顧到對方的情緒需要時間去平復。這個時候，你有可能因為感到自己的自尊心受挫而去報復對方，那就可能把事情搞砸。

　　第五，你對對方的生氣那麼在意和恐慌，似乎不去做點什麼就會忐忑不安，那是因為你覺得對方生氣是在否定你整個人，你這個人不值得他再對你好，所以你感到受傷和著急。你並不真正在意對方的感受，你只是擔心失去對方對你的在乎。

　　第六，對方在負面情緒過去之後，一般情況下，還是會和你恢復關

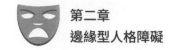
係的。因為你們的過往裡有過那麼多的關係連接，他一定也是在和你的關係裡得到過滋養的，否則你們的關係不可能持續這麼久。他不可能因為你一時的過失，就輕易地把這個關係終止。對於這一點，你一定要有信心。

第七，如果你自己在關係中容易因為對方的一句話或者一件錯事就把對方給否定了，就再也不想見到這個人，那麼，你很容易把這樣的嚴苛投射給對方，認為對方也是這樣的人。但是，對方不是你，對方不會這麼嚴苛的。對於這點，你要學會去分辨彼此的不同。分辨清楚了，你們鬧矛盾的時候，你就沒有那麼煩心了。

第八，你要調動你內在的那一對有力量的父母來安撫你一句：你是值得被愛的。就這一句話，就可以治療上面的 7 條裡所隱含的創傷。可見，這句話絕對不只是說說那麼簡單，你要如何才能相信自己是真的會被對方在乎呢？這個就是你生命裡最重要的課題。

（2）

在這個「八段錦」裡，最重要的核心其實是第五條，第五條如果要歸納總結的話，其實就是一句話：自我中心。把別人的任何東西都拿來和自己扯上關係，也許別人也有他自己解不開的一些情結，在那些點上他也需要慢慢去消化。但是我們就不能讓他變臉色，他變臉色就跟變天一樣恐怖，那還得了？

在邊緣型人格障礙以及在其他任何精神疾病裡，都有一個共性，就是這個人很自我中心，一般人叫做自私。當然，我們在這裡用到這個詞語，並不帶道德評判，主要指其認知力有限，注意範圍比較狹窄，只能看到自己的感受，無法看到別人的感受。

這一類人也許在物質上不自私，但是在情感上卻是自私的，這是能力的問題，不是意願的問題。我們平常說的自私，說的是一個人可以那樣去做，卻不那樣去做，和我們在這裡表達的自私的含義是不一樣的。

這類人只能看到自己的感受，無法去看到別人的感受。這裡既有習得性無助，也有一種來自互動模式裡的木桶效應（cannikin law），也就是孩子習得了父母的自私，所以無法學習到體驗別人的感受的能力。

還有一種可能性，就是一個人其實是可以去體驗到別人的感受的，但是會在無意識層面不去感受那個東西。因為在最年幼的時候，這個人感受到重要他人對待自己的態度裡有某種危險的信號，所以在長大以後就習得了不去體驗他人的感受。一個人迴避這個東西，是因為不敢讓自己太多地沉浸在他人的感受裡。

自我中心是什麼意思呢？就是他人的一切態度都是在評判我，都和我有關。

如果他人生氣和我無關的話，我會那麼緊張嗎？

正是因為把他人的態度都理解成對我的負面評判，所以我才這麼緊張；正是因為還在乎這段關係，所以對於在這段關係裡被別人否定的痛楚就會襲擊我，然後我要麼反擊，要麼惶惶不可終日。

如果你內在很清楚你是誰，你在這段關係裡有無可撼動的位置，那麼，關係中的那個人生氣了，憤怒了，冷戰了，對你的影響會有那麼大嗎？

如果你覺得自己在一段關係裡沒有位置，那麼，他無論怎麼做，你都會如同小老鼠一樣戰戰兢兢的，要麼就如同小狗一樣充滿了好鬥的氣息。

所以，他怎麼對待你，真的和他有關係嗎？

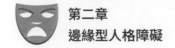
（3）

　　在心理諮商的過程中，如果我真的把這 8 個步驟的內容呈現給我的
來訪者，就會逆轉那些糟糕情緒嗎？

　　對有些人會，對有些人還是不會。不會的那些人，就還有一段漫長
的心路歷程要走。

　　但是，這些人要走的那條心路，其實一直都是沿著這 8 個步驟前進
的。我們要如何理解一個情緒化的人背後所隱含的東西，也大多在這 8
個思路裡。

第三章

情緒化類人格障礙

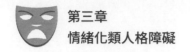
自戀型：我和自己的女兒在競爭什麼？

吳雨濃，女，47 歲，軟裝設計師

有一些東西，是我以前從來沒有看到過的，也可能是我不願意去看的，所以被壓抑了。而在長程的精神分析中，一些被我忽視的細節開始被我注意到，它們開始如此鮮活地呈現出來。

前一段時間，女兒習慣性地要買鮮花回來插在花瓶中。以前，我們夫妻都喜歡這樣做，女兒應該是覺察到了我們夫妻的這個習慣。所以，在她大學畢業，回到我們身邊工作後，也開始養成了這樣的習慣。

有一次，女兒買回來的桔梗花很快就凋謝了，我在心裡說，「妳看妳，買之前也不仔細地看看，買回來兩天就枯萎了，浪費錢」。這些指責在她小時候，我會毫不掩飾地直接表達，而現在她大了，我說什麼，她都要反過來懟我。所以，對她有什麼不滿，我都是隱藏著的。

過了幾天，我也看到賣桔梗花的，很新鮮，就買了一束來插，我心裡想，「我買的這個就比你買的好」。結果，因為天氣原因，其實也沒有維持兩天，還是蔫了。但是，我發現我為了證明自己做的這個決定（挑選這束花以及購買這束花）是正確的，我會很仔細地在每天早上起來以後，去給這束花換水以及修根。

當我對我自己這個行為有所覺察以後，我突然發現，之前女兒每次買來的花，我都是放任自流，沒有做到為女兒買的花精心修根以及每天換水。我彷彿在期待著女兒做錯事情，然後可以逮著指責她的機會。

我為我自己的這個發現感到驚訝和羞愧，我明白我在和女兒競爭，競爭誰更正確，誰更優秀。

只是，能夠把這樣的潛意識上升到意識層面，我得需要多麼大的內省和勇氣啊。

既然我會在女兒24歲的這一年和她競爭，那麼，在過去的24年裡，這樣的競爭一定無處不在。只是，它被隱藏在我對她強烈的母愛之下，消隱不見了。

我一直以為我很愛她，我也為了她付出了許多許多。但是，在潛意識的世界裡，在更深層次的精神世界裡，其實我們是互相「殺戮」的。

過了一段時間，女兒又買了康乃馨回來。這一次，每天我都認真地為孩子買的這束花換水、修根，所以這束花很精神，一直開放著，好像不會敗的樣子。女兒偶爾也會問我們夫妻，這花漂亮嗎？我明白女兒也需要我們對她的行為的一個肯定，我當然很肯定地回答女兒，這花真漂亮。

女兒說，因為知道我喜歡橘紅色，所以專門選了這個顏色的花。

有一天女兒不在家，我對她爸爸說：「這花好像是我們小時候用紅綢緞綁的假花哦，有一種不真實感。」

每當有朋友來我家的時候，我都喜歡把我養出了狀態的多肉植物搬出來讓他們欣賞，女兒回家看到就說：「媽媽，妳又在展示妳的多肉了啊！」

有一天，我把我養得很好的一盆剛出狀態的玫瑰法師端到客廳的茶

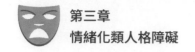

几上,讓女兒來欣賞,女兒說:「我看妳的眼睛已經掉進這盆玫瑰法師裡去了。」我說:「那是當然,這些多肉是我的最愛,其他花都已經吸引不了我的目光了。」

說完我就反應過來,先前對女兒說的「這花(指康乃馨)真漂亮」那句話也只是一句敷衍的話。我內在很難認可我的孩子,那麼她無論做什麼都很難取悅我,最終的結果一定會是這樣的。除非我真的在精神分析的過程中把我自己修通,我能夠先認可我自己。

後來,慢慢地,女兒就不再買鮮花回來了。

女兒大學畢業以後,曾經去外地工作和生活了一年。在那一年裡,她很有生機,每天上班非常忙碌,還自己買菜做飯,時常把她做的飯菜照片發給我們看。

女兒回到我們夫妻身邊的這一段日子,日常生活都是我們在照顧著她,我心裡其實是想她有時間的時候,也可以去買菜做飯來給我們「享受」一下。

有一天,女兒精心地為我們做了一餐飯,我雖然是在表揚她,但是其實她做的那個口味,我還是吃不太習慣,所以實際上我吃得沒有平時多。後來,女兒也就不再進廚房做菜了。

她在工作上的許多事情,我也要給出意見,有時候甚至越俎代庖,去幫她補充她專業上的文章的一部分內容,因為我們是一個專業的。

女兒有時候非常反感我的做法,但是有時候,她又依賴著我去幫她解決她的事情。我發現她很矛盾,我也很猶豫。

女兒這段時間說她狀態不好,沒有精神。我感覺也是的,不知道是怎麼回事兒,但是又會去想,和我有關係嗎?

在我年輕的時候,我就跟我老公競爭,我說什麼做什麼都要讓他知

道：我是正確的，他是錯的；我是行的，他是不行的。以致我們夫妻關係反覆鬧僵，我也不斷在吸取教訓。近幾年，我的確不怎麼和我老公競爭了，因為我在事業上取得了很大的成就感，而老公的事業基本已經停滯，我慢慢在學會讓著我老公。

我沒有想到的是，我仍然在和人競爭，而這個人是我的女兒。

現在想起來，我小時候，我媽媽也喜歡和我競爭。但凡我做的事情，沒有一件是她覺得滿意的，她總是能在雞蛋裡挑出骨頭來。每次她那樣對待我的時候，我都會感覺到很挫敗，我會覺得我什麼也不是，我怎麼努力，也沒有辦法達到她心目中那個女兒的標準。

難道現在，我女兒在我面前的感受，和我當年的感受是一樣的嗎？

有時候，我也能夠感覺到女兒在和我競爭。我是提前絕經的，我對這件事情很在意，我認為這會讓我的女性魅力大打折扣，我不知道我這種在意有沒有傳遞給她，每次她來月經，都會有過度渲染的嫌疑。我不知道我內心有沒有對她擁有這樣的女性「專利」的一種嫉妒，也許我會把這個情緒壓抑下去，但是，如果我對我的分析師說出這個話題，那麼，我想我的壓抑還是失敗了。

她每次渲染她的月經的時候，都是有她爸爸在場的。她從 13 歲第一次來月經，就不會避諱這個東西，記得當時她是當著她爺爺奶奶以及無數的叔叔姑姑一大家人的面宣布她來月經了。

女兒和她爸爸的感情一直很深，女兒很愛她爸爸，女兒更知道的是，她爸爸對我的感情，無論怎麼都在她之上，這是一個怎麼競爭也競爭不過的事實，所以女兒選擇了向我認同。她本來不是學我這個專業的，最後也選擇了我這個專業，並且通過了相關的各種考試。但是，在每一次考試之前，她都會無比的焦慮。

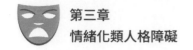
　　我對我老公對我的感情的確認，也是最近這幾年才那麼確鑿無疑的。以前，我會有確鑿無疑的時候，也會有非常懷疑的時候。而到最近這幾年，我才開始確信他對我的愛，不會因為我們某些時候鬧矛盾而消失。

　　而女兒就沒有這樣的幸運了，她爸爸本來就是一個很內向的男人，再加上很多時候對她也比較嚴肅，所以女兒想確認她爸爸的愛是否確鑿無疑，應該是有困難的。

　　女兒最喜歡我們一家人出去旅遊的時候，讓爸爸為她拍照。說真的，女兒身上的女性氣質比我濃厚很多，明顯很多。女兒也比我漂亮，身材也比我好很多，看著女兒在爸爸的鏡頭下盡情地展現她的婀娜多姿、嫵媚可愛，我想，我有一些情緒和感受一定是被我遮罩的。

　　如果，如果，如果我真的對我自己的人格魅力充滿信心，我想，我和女兒的競爭應該是會消失的……

　　以前，我媽媽貶低我的時候，我的感覺是不服氣，但是我有信心超過她，因為我媽媽終歸是傳統女性，受到很多東西的束縛，導致她整個人生狀態顯得非常弱勢。而我卻不一樣，我生活在女性可以出頭的年代，又剛好是人到中年，事業也正處於黃金階段，我女兒要想超過我，在心理上，她會遇到更大的困難。

　　我明白，要讓孩子有發展，我必須給孩子一個超過我的可能性，但是，如果孩子在這個超越上遭遇了巨大的困難，或者我的無意識依然還會因為我自身對於被愛的安全感存在疑慮，而打壓我女兒試圖超越我的這個部分，她可能就會感覺到面對命運時候的一種無力的狀態吧！

█對自戀型人格障礙的解讀與調適█

自戀型人格障礙（narcissistic personality disorder, NPD）是一種需要他人讚揚且缺乏共情的自大（幻想或行為）的普遍心理行為模式；起自成年早期，存在於各種背景下，表現為下列症狀中的 5 項（或更多）：

✎ 具有自我重要性的誇大感（例如：誇大成就和才能，在沒有相應成就時卻盼望被認為是優勝者）。

✎ 幻想無限成功、權利、才華、美麗或理想愛情的先入為主觀念。

✎ 認為自己是「特殊」的和獨特的，只能被其他特殊的或地位高的人（或機構）所理解或與之交往。

✎ 要求過度的讚美。

✎ 有一種權利感（即不合理地期望特殊的優待或他人自動順從他的期望）。

✎ 在人際關係上剝削他人（即為了達到自己的目的而利用別人）。

✎ 缺乏共情：不願識別或認同他人的感受和需求。

✎ 常常妒忌他人，或認為他人妒忌自己。

✎ 表現為高傲、傲慢的行為或態度。

在精神分析的語境下，其實是拓寬了對自戀人格障礙的診斷體系，很多對於自體意象有不確定感的人，都可能被歸納於這個障礙之下。

我是誰？我是一個什麼樣的人？我要去做什麼？什麼東西是我真正喜歡的，願意為之奮鬥的？

如果在一個人的內心，關於這些問題都很模糊的話，他大抵可以被歸入自戀人格障礙的範疇。而這個範疇和美國《精神疾病診斷與統計手

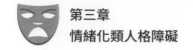

冊》（DSM）的診斷體系就不太吻合了。

在自體心理學的創始人科胡特那裡，判斷一個人有沒有自戀型人格障礙，只需要看這個人有沒有出現自戀型移情即可。

什麼是自戀型移情呢？有 3 種表現：

✎ 第一種是不斷地尋找理想化的人。比如希望老公是優秀的、完美無缺的；比如希望父母是精明能幹的，完美無缺的，不會被騙子騙的；比如希望自己找的諮商心理師是完美無缺的。

✎ 第二種是不斷地尋找如同一面完美的鏡子的人。這面鏡子可以完美地鏡映出自己存在的價值。

✎ 第三種是不斷地尋找和自己志同道合的人，彼此有共同的興趣，有人可以陪伴著自己做共同喜歡做的事。

吳雨濃，一個長相清秀，很有氣質，事業有成的知名設計師。但在她的內心深處，卻認為自己並不好看。同樣地，碩士畢業的她也認為自己並沒有什麼真的本事，覺得自己什麼都做不好，無論多麼成功的事情，她都覺得那是運氣好的結果。

在人際關係中，她非常敏感，自己說過的話，她要反覆地去想，自己有沒有說得不好，有沒有給人留下什麼不好的印象。她很在乎別人對自己的看法，也從來不敢得罪人，經常違心地附和別人的觀點，但在內心又很衝突。不論在家裡還是在單位，她都努力做好事情，很害怕別人對她有負面的評價。

婚後，丈夫發現，妻子並不是戀愛時候的那個性格，妻子經常因為他無意之中說過的一句話抓住不放，然後去質問他有沒有那樣的意思。妻子在外面是很平和的人，但是在親密關係裡面，卻把自己的本性暴露

無遺。他到後來也懶得和妻子交流了。

望著自己在鏡子中疲憊的面容，吳雨濃經常會想：我是誰？我怎麼對自己這麼陌生？我為什麼只能依靠別人對我的看法和評價，才能確認自己是誰，自己是一個什麼樣的人？

吳雨濃的爸爸媽媽都是重男輕女的人，所以，他們很少注意到她的存在，只是在需要她幫助照顧弟弟妹妹們的時候，才會對她說上一些話，而且，父母經常因為她在照顧弟弟妹妹們的時候犯的一些錯誤而責罵她、貶低她。父母在貶低她的時候所說的話都是極具煽動和誇張色彩的。年幼時候的她聽到那些貶低自己的話的時候，感到非常羞愧，感到被父母描述出來的那個自己怎麼會是那麼糟糕，她很想捂住自己的耳朵不去聽，也很想逃離被父母罵的地方。

成長起來的吳雨濃，除了拚命讀書，不知道自己可以用什麼方式去獲得父母對自己的積極評價。終於，到她考上研究所的那一天，她看到父母改變了對她的態度，爸爸拍著她的肩膀，說了一句「還是妳爭氣」。爸爸那麼喜歡的兩個弟弟，最後都輟學了。

但是，一切都太遲了，自卑的性格早已經形成，成為她骨子裡對自己的所有評價的起點，無論她多麼優異，她都覺得自己不行。為了對抗認為自己不行的糟糕感覺，她又繼續拚命地努力讀書。她的長相其實還可以，但在她心目中，自己就是一隻躲在牆角渾身發抖，等待挨罵和責罰的楚楚可憐的醜小鴨。

自戀型人格障礙的人，終生都在尋求別人的認可與讚美，這是他的第一需求。在他童年的時候，父母通常很吝嗇對他的表揚與欣賞，而是代之以批評和指責，以為這樣更有利於孩子的成長，而且為了不讓孩子驕傲，父母習慣性地打壓孩子，直到孩子出現了自卑心態，父母也是毫無察覺的。

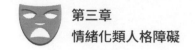
在親密關係裡，吳雨濃最開始是尋求老公對自己的認同，她的方式是和老公競爭，打敗老公，讓老公佩服自己，認同自己。這種方式失敗以後，她又在女兒那裡尋找女兒對自己的認同。但是，因為女兒也沒有接她的招，所以，她透過不認可女兒的方式來挫敗女兒。

人和人之間，在涉及自我價值感的爭鬥上，是沒有任何的母女情分或者夫妻情分的。我們可以在物質上或者家務上為對方無私地付出，但是，一旦涉及自我價值感，就是你死我活的局面。

為什麼不可以雙贏呢？為什麼非得要你死我活呢？

這是由自我價值感的特性所導致的。自我價值感是一種在社會比較中產生的心理，沒有比較，就沒有輸贏。所以，我們在自我價值感的潛意識的戰場上，是六親不認的。

有很多事業有成的父母，養出一些「啃老」的孩子來。大家都去指責那些「啃老」的孩子，沒有人去指責那些為「啃老族」提供金錢和服務的父母，覺得他們很無辜，為孩子付出了許多，還往往換來孩子對他們的不孝。

父母在為孩子付出金錢乃至家務勞動的事情上，自己是可以獲得自我價值感的。這個世界上，沒有比還有另外的人需要自己才能存活下去，更讓人覺得自己有力量的事情了。父母在做這些事情的時候，沒有意識到自己的「爽」。只有在孩子沒有如同自己期待的那樣回報自己的時候，才會來指責孩子。

這個時候，父母是在利用孩子來達成自己的自我價值感。這些父母不管他們取得多少現實層面的成就，內心依然是自卑的。

這個世界上，有四種人際態度，具體來說，假如一個媽媽是這樣來和她的孩子互動的：

✎ 我行，你也行。（健康的）

✎ 我行，你不行。（你得依賴我）

✎ 你行，我不行。（我得依賴你）

✎ 你不行，我也不行。（完蛋了）

很明顯，這四種心理模式，只有第一種是健康的，而第二種和第三種導致的就是自戀型人格障礙。第二種模式裡，孩子將失去被真實和美好地鏡映的機會。第三種模式裡，孩子無法理想化自己的父母。在第四種模式裡，孩子會看不到任何希望。

吳雨濃對待女兒的方式，傳遞的訊息就是：我行，妳不行，妳什麼都做不好，只有我才做得好。媽媽的自戀是病理性的，透過對孩子的貶斥、挑刺來滿足自己的自戀或自我價值感，孩子成為鏡映媽媽「行」的工具，孩子的人格就垂直分裂，成為一個自戀型人格障礙症患者。

還有一些父母，他們表揚孩子是因為要去別人面前炫耀自己養育的孩子是多麼的優秀，透過孩子來滿足自己的自戀。孩子成為一個鏡映媽媽或爸爸的「行」的工具，孩子同樣也會成為一個自戀型人格障礙症患者。

自戀型人格障礙症患者在關係中是很難深入地理解對方的，因為他自己的心靈也有個巨大的創口等待填補。自戀型人格的人，心智多半還停留在 3 ～ 5 歲的年齡階段，所以，即便是有了孩子，他也會繼續和孩子競爭。

如何調適？

父母和孩子相處，一定要在心底給孩子「預留」一個精神的「位置」，在這個位置上，父母覺得孩子是行的，是有優點的，是值得被愛

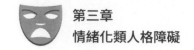
的。這樣的孩子在長大的過程中，就不容易伴隨一種無處不在的基本焦慮，覺得自己如同被驅使著要去完成一個什麼樣的目標，然後獲得別人對自己的認同，而這個目標又不是自身誕生出來的。

當然，可以肯定孩子的父母，在心理上是成熟的、強大的。如果父母不是這樣的人，就很難為孩子預留下這樣一個精神上的位置。

父母在自戀上受到了創傷，往往會把同樣的創傷帶給孩子。父母對這些創傷的覺察與縫合，有時候就變得尤其重要。

在孩子小的時候，父母要的是一個完美的嬰兒和兒童。當孩子不符合父母的期待時，父母會給予這個孩子許多精神上的打擊。

在孩子大了以後，往往會用同樣的態度去對待父母。他們要求父母是完美的，他們對於父母的言行往往更容易去挑剔和反駁，或者是貶低。他們對外人可能更寬容，然而對自己的父母，就覺得父母不該那麼說、那麼做。對父母的理想化需求的放棄，也是自戀型人格的人要去面對的一個課題。

最終我們都會明白，父母就是那樣的父母，他們可能沒有我們想像的那麼愛我們，或者，他們在能夠給我們愛的部分，其實是比他們自己的父母做得更好，只是比我們期待的那種境界差了許多。他們也有他們自己的許多創傷，也有他們的許多缺點，他們也是不完美的，接納這樣不完美的真實的父母，是自戀型的人走向成熟的必經之路。

在薩提爾（Virginia Satir）的一個冥想中，內容是這樣的：你要想像一下你父母才來到這個世界上的時候的樣子，他們在年幼的時候，也對自己的人生充滿了期待，也希望活出自己期望的樣子……接下來，你再想像一下你父母的父母剛出生時候的樣子……

　　聽到這個冥想內容的時候，我會流淚，我會變得慈悲。原來，父母也曾經走過我們走過的路，他們並不比我們更偉大、更先知，他們也是肉身鑄成，他們也是凡人……

　　原諒父母，或許是我們必須要走的一條路。經過這條路，我們可以有希望地長大、成熟。

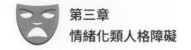
反社會：《下課》主角的人格解讀

2017 年，一部美國電影《下課》（*Dismissed*）講述了這麼一個故事：

巴特勒先生是格蘭登高中的國語教師，他熱愛他的工作，敬職敬業，和妻子感情非常要好。他們有一個一歲多的兒子，一家三口生活得其樂融融。

盧卡斯是從彌爾頓高中轉學到格蘭登高中的轉學生，轉到了巴特勒老師的班上。在一次交一篇關於奧賽羅的作文的時候，別的同學都只交了幾頁紙，而盧卡斯交了厚厚的一本書，所以老師調侃地說：你不是在交作文，你是在交論文。

但是，老師在批改作文的時候發現盧卡斯的作文雖然寫得非常認真，非常全面，但是觀點偏激，立意錯誤，所以只給了這篇如同一本書厚的作文 B$^+$。

盧卡斯不服氣，去問老師為什麼不給他 A，老師解釋說，B$^+$ 和 A 之間，幾乎沒有什麼區別。盧卡斯激動地說：「3.333 和 4 之間的區別非常大，你以為只是 0.7 的區別嗎？我是想帶著各門功課都是 A 的成績去上哈佛大學的⋯⋯」那沒有說出來的話就是，我怎麼可以容忍自己帶著一點點小小的瑕疵去敲大學的門呢？

　　下課的時候，盧卡斯對一個上課的時候愛講話的同學說：「我注意到你在課堂上話很多，你影響到我聽課了，你能不能少說一點？」那個同學最開始很不以為然地說：「我想說就說，關你什麼事？」盧卡斯回答說：「你如果再說話，我就戳穿你的氣管，把你的舌頭釘在屋頂。」那個黑人大塊頭同學聽到盧卡斯這麼說，再看到他的眼神的時候，他的潛意識告訴了他，這個人真的會這麼做的。隨後在課堂上，當女同學和他說話的時候，他拒絕了和女同學說話。

　　巴特勒一開始還滿喜歡盧卡斯的，回家對妻子說起這名學生，喜悅之情溢於言表。但是，隨後發生的事情讓他大跌眼鏡。

　　在學校的西洋棋俱樂部裡，同學亞歷克斯說「將軍」的時候，臉上露出非常開心的笑容，而這個時候盧卡斯的臉色變得很難看，眼睛射出一道帶著血腥的光來。隨後，他冷靜下來，用一枚棋子輕蔑地「踢」開了同學的棋子，走到一個位置上，然後出其不意地反勝了這盤棋。巴特勒和周圍的人看到這個非常精采的結局，都為盧卡斯鼓起掌來。

　　巴特勒是這個俱樂部的主席，所以就宣布：「第一種子，亞歷克斯；第二種子，盧卡斯。」盧卡斯聽到巴特勒這樣宣布的時候，馬上反問：「對不起，巴特勒先生，你說我是第二種子？」巴特勒回答說：「沒錯，先生。」然後，盧卡斯很不服氣地反駁說：「我剛才明明把亞歷克斯打敗了……」

　　在隨後的化學課上，盧卡斯透過做手腳，讓亞歷克斯在實驗的爆炸中受傷住院。

　　盧卡斯在得知巴特勒老師要角逐教授職位時，偷偷地把老師精心準備的研究論文給調換了，那篇調換上去的文章粗俗淺薄、自戀自大，注定了巴特勒的晉升之路一定會失敗的，事實果然也是如此。拿著被打回

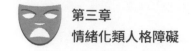
來的文章，巴特勒對比之前盧卡斯寫的那篇論文，發現了其中的蹊蹺，頓時明白此事和盧卡斯有關。

於是，巴特勒先生就找盧卡斯談話，問他是否調換了自己的申請文章，盧卡斯矢口否認。巴特勒指出他是因為學分才這麼做的，盧卡斯就說：「我是得在大學申請單上保持完美的學分紀錄，往前走，大家都開心。」

巴特勒先生於是問：「如果我不給你 A 呢？」

盧卡斯說：「你知道我對《罪與罰》最大的批評是什麼嗎？（犯罪）成本太低了，拉斯科爾尼科夫，他是個孤家寡人，他沒什麼可失去的。（如果你再繼續堅持不給我 A）我總能創作出一本書，更吸引人，當主角失去一切時，才會知曉……」

巴特勒在和盧卡斯的對話中感覺到了強烈的威脅，於是去找盧卡斯的爸爸溝通。但是這個爸爸似乎是一個混沌的爸爸，把巴特勒攆走了，並且在口誤中提到了一個名字：加勒特。

巴特勒找到盧卡斯以前就讀的學校裡一個叫加勒特的老師，加勒特很悲哀地說道：「我教盧卡斯歷史課，前進的歐洲這一課，他針對納粹德國寫的論文，說希特勒的目標崇高而完美，只是方法有點不對。這是一篇觀點非常扭曲的論文，所以我給了他 B。

「我曾經好心地替盧卡斯找住處，結果他恩將仇報，偷偷地把我和我的高中同學做愛的場景錄影，然後威脅我說要把他的成績改成 A。否則他會拿錄影向校方告發我。我被逼無奈，把他的成績改成 A，從那以後，我開始崩潰，不想再教書育人，後來我辭職了……」

在巴特勒和加勒特的對話裡，巴特勒顯然還沒有意識到盧卡斯的反社會人格特質，而是評價說：「盧卡斯還是個孩子，我不明白我怎麼會被

一個孩子欺負。」

加勒特顯然已經意識到了盧卡斯的反常人格特質，說這類人就是自我膨脹，為了自己的目標，專門傷害別人，得到他想要的東西。盧卡斯不是惡霸，盧卡斯是神經病。

加勒特的關於盧卡斯是個神經病的判斷，顯然是對曾經栽在盧卡斯手上的一段人生經歷的痛心總結。然而巴特勒沒有意識到盧卡斯的問題屬於心理問題，而是繼續按照與一個正常人的相處之道來理解盧卡斯的言行。

倔強的巴特勒堅持不向盧卡斯屈服，繼續在下一次的評分中給了盧卡斯一個「F」。

這個 F 徹底撕碎了盧卡斯的自戀。他在家裡打開了自己的評分信函，看到 F 之後，他狂亂地把臥室裡的東西到處摔。隨後，一系列的陰謀繼續上演。

一開始，盧卡斯讓自己的好朋友貝卡去勾引巴特勒老師，試圖讓老師身敗名裂。但是巴特勒老師沒有為貝卡的勾引所動，盧卡斯的計畫失敗。

但盧卡斯不會放棄，他對貝卡說他聽到巴特勒夫婦準備離婚，巴特勒喜歡的人是貝卡，貝卡似乎是一個「傻白甜」，她每次都很輕易地就相信了盧卡斯的話，繼續去勾引自己的老師。這一次，盧卡斯在教室裡安裝了錄影設備，可惜巴特勒還是拒絕了貝卡。

盧卡斯把貝卡叫到天臺，引導貝卡寫好一封關於和巴特勒先生之間情感糾葛的書信之後，殘忍地把貝卡推下天臺摔死了，讓大家以為貝卡是因為巴特勒而死。

警方介入之後，最終真相大白，巴特勒這個時候開始意識到盧卡斯

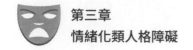
的危險性了。他反覆地對盧卡斯說：「如果你再靠近我和我的家人，我直接殺死你。」

可惜，他還是沒有對反社會型人格障礙症的人的本性有一個正確了解。他們夫妻相親相愛，正準備共浴愛河之前，巴特勒去浴室洗澡，就在這個工夫，盧卡斯殺死了他的妻子，並且把他的一歲多的兒子帶到了教室，準備殺死這個嬰兒。

巴特勒急忙趕往教室，看到盧卡斯已經接近瘋狂，他數次舉起利刃準備殺死嬰兒，卻又數次停下，直到巴特勒衝上去奪下利刃，警方趕到……

▌對自戀型人格障礙的解讀與調適▌

反社會型人格障礙症（antisocial personality disorder, ASPD）這個名稱幾經變換，它曾經還有一個名字叫做「精神變態」，也有人叫「冷血症」的。而反社會這樣一個名字，似乎帶有一定的政治色彩，因而有可能錯過了對這類疾病的核心實質的描述。

反社會型人格障礙症是一種漠視或侵犯他人權利的普遍模式，始於15歲，表現為下列症狀中的3項（或更多）：

✎ 無法遵守與合法行為有關的社會規範，表現為多次做出可遭拘捕的行動。

✎ 詐欺，表現出為了個人利益或樂趣而多次說謊，使用假名或詐騙他人。

✎ 衝動性或事先不制定計畫。

✎ 易怒和攻擊性，表現為重複性地鬥毆或攻擊。

✎ 魯莽且不顧他人或自身的安全。

✎ 一貫不負責任，表現為重複性地不堅持工作或不履行經濟義務。

✎ 缺乏懊悔之心，表現為做出傷害、虐待或偷竊他人的行為後顯得不在乎或合理化。

這類心理疾病的核心實質是什麼呢？其實就是極端的自我中心，狂妄，眼中毫無他人的感受，蔑視他人，把他人當作低級動物。設計陷害和操縱他人，是他們的家常便飯。

在目前的分類學中，這十多種人格障礙裡面，最危險的就是反社會型人格障礙症了。因為他對自己目標的盲目堅持以及對他人感受的完全漠視，都可能導致他在實現目標的過程中，隨時可能無情地剷除或者殺害影響他目標實現的人。

沒有和他們深入接觸之前，這類人通常會顯得迷人和有魅力，因為一個有著自己堅定的目標並且信誓旦旦地要去實現的人，總是給人一種充滿信心的迷人印象，一些女孩會不知深淺地愛上這種人。

但是，和他們真正相處在一起，那種完全被漠視的感覺會把一個人的人性摧毀，比如他們可能根本不會對配偶說自己要去哪裡，就一個人離開家出去一段時間才回來……所以，女方最終可能會選擇離婚，而能夠順利離婚的人是幸運的。

其實，所有的人格障礙都有一個共同特點，那就是重視自己的感覺，忽視他人的感覺。用自私來形容人格障礙，是因為不理解人格障礙是一種病，這個病的核心就是注意力狹窄，只能看到自己的感受，無法看到他人的感受。自私這樣的術語，是屬於道德模式下的判斷，而在精神病學的模式下，這不是自私，這是屬於沒有能力兼顧他人的感受。

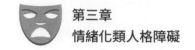
　　所以，反社會型人格障礙症患者，是這十多種人格障礙裡最嚴重的一種疾病，其他的人格障礙症患者，多多少少還能考慮到一點別人的感受；或者在某些狀況下，比如討好型（people pleaser）的那幾類人格障礙，表面上還是能夠照顧到別人的感受的。

　　而反社會型人格障礙症患者，連最基本的人際交往的偽裝都不需要，他們可以肆無忌憚地表達對他人的不屑和無視。在這一點上，他們接近思覺失調症的位態。因為思覺失調症也是以「消滅」客體為己任的。

　　所以，反社會的核心是無客體的一種狀態，就是他們根本不關心客體怎麼想，客體有什麼感受，根本不關心自己還需要和客體有情感連接。

　　《下課》的主人公盧卡斯就是這樣的一個人，他根本不關心他的老師巴特勒怎麼看待他，那個黑人同學怎麼看待他，貝卡怎麼看待他，貝卡被推下去摔死是怎樣的感受，師母被他殺死是一種怎樣的感受，巴特勒失去自己心愛的妻子是什麼樣的感受……

　　所有別人的感受在他的「宏偉」目標面前，都顯得那麼的渺小！

　　這樣的人小的時候是怎樣的呢？我說一個例子，你大約就會有感覺：他們會因為化學課上學習到的知識，就去買硫酸來潑在小狗的身上，看著小狗痛苦得滿地打滾，他們也毫無知覺，還在那裡記錄小狗的反應時間。旁邊的一個叔叔很驚奇地問他，你知道小狗很痛嗎？他會大吃一驚地說：我不知道啊！

　　他沒有撒謊，他是真的不知道小狗的感受的。

　　這樣的孩子，一般都有童年時期被嚴重虐待的經歷，撫養者完全漠視他的感受，所以他認為自己就不該有感受，有感受是一個累贅。如果有感受，他早就被自己感受到的撫養者的殺氣騰騰嚇死了。所以，與其

被嚇死，還不如關閉自己的感受。

因此，反社會型人格障礙症的童年期，其實就有許多和別的孩子完全不一樣的經歷，只是周圍的人沒有意識到而已。

盧卡斯的媽媽在他很小的時候就死了，爸爸又是那樣不可理喻、情感變化無常、不可捉摸的一個男人，最後竟然因為兒子再次犯罪，就自殺身亡了。這樣的一個爸爸不可能給盧卡斯需要的情感上的支撐。年幼的盧卡斯一定遭遇過無數次情感無回應之絕境吧，這樣的孩子不得不過早地把自己的感覺通道給堵死，以避免使自己體驗到這個人世間的荒漠之氣。

一個無客體的孩子，為什麼需要各門功課都很完美呢？他完美給誰看呢？

這使我想起法國電影《香水》（*Perfume: The Story of a Murderer*）的主角的遭遇，那同樣是一個無客體的男孩，那麼，製作完美的香水是為了什麼呢？

這其實就涉及同一個問題：自我救贖。

一個在人世間幾乎快要和所有人都中斷聯絡的人，其實本身就是一種象徵性的死亡狀態。為了把自己從死亡的邊緣拉回來，他需要一些介質，這些介質就是那個完美的目標。如果我足夠完美，是不是還有一條路，可以把我從被所有人都忽視和拋棄以及快被遺忘的絕境裡拉出水面啊？

盧卡斯把師母殺死之後，劫持了老師的孩子，一個還在襁褓中的嬰兒。他揮舞著小刀，數次想對著嬰兒砍下去，卻最終寧可墮入瘋狂，也沒能殺死嬰兒，這是為什麼呢？

從現實層面看，他控制嬰兒的行為裡，依然還有需要老師給他一個

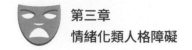
Ａ的夢想。而在實際上，盧卡斯在潛意識層面是寄望自己可以如同老師的那個嬰兒那樣涅槃重生的。如果殺掉真實的嬰兒，那麼他無意識層面的重生之夢就會被徹底粉碎，這是他下不了手的主要原因。

巴特勒沒有能夠意識到盧卡斯的破壞性，那是因為他對精神疾病的不了解。盧卡斯這樣的人，就很類似我們常說的「冷血人」，面對這類的「冷血人」，明智的做法是避開和他針鋒相對。

電影中的巴特勒是一個很有自己個性的老師，他不想變得像加勒特一樣，被盧卡斯控制，最終失去了教師的身分，他還想做一個教師。所以他不得不履行教師的職責，該給學生什麼評分就替學生什麼評分，這樣的性格在日常生活中，我們叫做正直。然而，在面對一個反社會型人格障礙症的「冷血人」時，這個「冷血人」毀掉了他的家庭和後半生的幸福，這值得嗎？

和「冷血人」針鋒相對的結果，巴特勒得到的是一個注定永遠殘缺的人生，他的兒子注定永遠地失去了媽媽，這是呈現給我們的血的教訓。在新聞裡，我們聽說過有人因為要不到電話號碼就把人殺了，因為幾句話不對，就把一個好看的女孩毀容了，國外一個空姐被計程車司機給姦殺了……這些被害者通通都不知道，他的對手是「冷血人」。這種人一無所有，他根本不在乎再失去什麼了。

和一個不在乎失去的人在一起是多麼可怕的事情，我想，這部電影也說得很直白了。盧卡斯真的沒有什麼在乎的了，媽媽早就去世了，爸爸也自殺了。在這個人世間，他就只剩下對完美的Ａ分的追求了，憑什麼要把他這唯一的救贖之路給切斷啊？

老師家裡有幸福，有歡聲笑語，有一種彌漫著的溫情，盧卡斯一進入老師的家裡就感受到了老師家裡的這個味道。反社會型人格障礙症患

者還有一個特徵是強烈的嫉妒心，別人有，而自己沒有的，他就要去摧毀，他要讓別人和自己一樣，來體驗自己過的是什麼日子。

盧卡斯每次回到家裡，父親陰沉沉的語調和頹廢的表情，還有他家裡充斥的一種冷冰冰、毫無人情味的味道，和老師家裡溫暖的味道是區別明顯的。盧卡斯感覺到了這個區別，所以他要抹殺這個區別，殺死師母，當然也是消滅差異性的第一步。

……

盧卡斯的反社會性，只是個人主義價值觀的一個縮影，這種價值觀的一個潛臺詞就是：別人的需求無足掛齒。

現代文明的進程把這樣的價值觀帶到了各種文化裡面，和各種文明裡的陋習結合在一起，推進了反社會這樣一種以無情為特徵的社會個性的產生。

當家長不注重孩子的感受，只注重分數的時候；當我們過度提倡競爭，而沒有去維護一個人的尊嚴的時候；當一個人對另外一個人的請求無動於衷，給他製造各種障礙的時候；當我們在婚姻中無法看到配偶的感受的時候……這一系列的時刻，我們的身上都流淌著某種反社會的因子。

我說過，用反社會這個詞不能真正說明反社會型人格障礙症的核心。無情和無感受，眼中只有自己追逐的目標，其他人都可以視為追逐自己的目標道路上的棋子或者是絆腳石，才是這類人的人格核心。是棋子就利用和操縱，是絆腳石就剷除。所以，什麼是反社會的因子呢？就是我沒有辦法去看到另外一個人的需要，而且我蔑視那個部分，我不屑於去看到，或者是我沒有能力去看到。

沒有能力去看到是一個客觀事實，這是我之前強調過的，但是，這

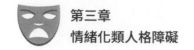
並不是一個逃避罪責的說辭。只要我們看不到他人的感受，我們遲早都會給他人帶來傷害的，反社會型人格障礙症不過是其他人格障礙的一種走到極端的表現而已。任何人格障礙的復原，雖然伴隨著無能為力，但是，並非是真正的無能為力，只是這個過程會非常艱辛，所以會讓人感覺到是他們「不能」，而非「不願」。

如何調適？

反社會型人格障礙症的自我調適很困難，心理治療對其有一定的幫助，但是也絕非短時間內能夠看到效果的。

南希‧麥克威廉斯在《精神分析診斷：理解人格結構》（*Psychoanalytic Diagnosis: Understanding Personality Structure in the Clinical Process*）這本書裡提到：精神變態患者的冷酷無情會不會是對虐待（兒童期虐待以及成人期重現虐待情境）或無法理解情境的一種回應。

罪犯會向司法人員坦白供認，說明即使屢教不改的重犯天性中也仍存有責任感，並能從與人的交往中獲益。虐殺犯卡爾（Carl）與一位獄警維持了終生的友誼，是因為對方有尊嚴地對待他。

在這句話裡面，其實我會看到反社會人內心仍然存在著一些非常細微的人性的光芒，只要他們存在著一線試圖和人產生連接的希冀，那麼，把他們從惡的路途拉回正常的路途就會有希望。而這個路途上，我們要做的依然是本著對人性的尊重，即便是對反社會人格這樣的充滿惡念的人，我們也能夠尊重他們作為人和我們共同存在於這個星球上的地位，這是他們能夠回歸的一個基本前提。

治療精神變態個體的總體目標是幫助來訪者逐漸靠近克萊因所提出的憂鬱狀態，這時候來訪者將了解到他人有別於自己，並值得自己去關心。在治療所營造的持續的、充滿尊重的氣氛中，隨著治療師逐漸接觸

精神變態來訪者的全能控制、投射性認同、破壞性嫉妒以及自我毀滅等行為，來訪者將會發生實質性的改變。從利用語言來控制他人到運用語言誠實地表達，來訪者也開始嘗試抑制衝動，逐漸體會自我控制的成就感。來訪者每一個細微的變化，都是重大的進步，這種進步需要治療師真誠地、持之以恆地與反社會個體互動，並促使其不斷自我揭露（self-disclosure）。

　　南希的這段話描述的是使用客體關係理論來為反社會人的改變建立的治療體系，這個體系為我們理解反社會型人格障礙症患者提供了一種很好的視角和切入點，也為反社會型人格障礙症能夠在精神分析治療下好轉展示了希望。當然，這需要治療師能夠克服自己身上的某些反社會的特質，真誠地運用自己的反移情和來訪者互動。

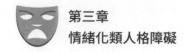
做作型：我靠別人的目光滋養我

明月心，女，32 歲

　　7 歲那一年，她和幾個小朋友一起去上學，她在上學的路上摔了一跤，趴在地上一直哭，不肯起來。其中有兩個小朋友叫她起來，但是她就是不起來，她用一雙手捂住眼睛，卻拿眼睛的餘光來觀察小朋友的動向，發現她們走了，她立刻就從地上爬起來了。

　　8 歲的那個夏天，她在家裡用一些紗布和繃帶把自己的手臂纏起來，然後在上面塗抹上一些紅墨水，然後她走出去，在一群群乘涼的叔叔阿姨面前晃過去晃過來的。那些叔叔阿姨看到她很吃驚地問道：「月心妳怎麼啦？妳手臂受傷了嗎？」她不知道該如何回答，但是回家以後，卻因為自己的惡作劇而很開心地笑了起來。

　　13 歲那個夏天的夜晚，她穿著一件白色的公主裙在廠裡的燈光球場上跑過去跑過來的，飛一般地跳舞一樣跳躍著跑。夜晚的燈光球場人很多，那天晚上其實什麼也沒有發生，但是那個場景一直在她的記憶之中。因為她那個時候在「收集」別人的目光，她在想別人會怎樣看待這個活潑可愛的小女孩，用一種無限的青春活力來展現自己的身體，她一直在用他人的「看」來看自己。這讓她興奮、緊張、愉快，又伴隨著一點點

羞澀，所以她把這個場景牢固地記憶下來了。

進入高中以後，她迅速成為班上的紅人，因為她和誰都可以自來熟，她和誰都可以套近乎，在下課時間和體育課上，她很活躍，忙著和許多人交朋友。在她的畢業紀念冊上，她的朋友（的簽名）果然很多。她幾乎和班上的大部分人都交換了畢冊簽名。

在大學期間，她繼續保持這樣的活躍狀態，每天忙著參加各種社團活動，彷彿自己和各種人都能夠打交道，也彷彿什麼話題她都可以談上一點。但是，她的話題如同萬金油，什麼都懂一點，卻不深入。

朋友們在一起的時候，她喜歡表達自己的觀點，帶著嘩眾取寵的痕跡，希望話一出口，就有「語不驚人死不休」的氣場。但是，因為她的誇張，其他人習慣了也就無所謂了。

在活動中，她總是要成為活動的焦點，如果沒有人關注到她，她會感到很不安。

她不間斷地帶不同的男朋友回住處，她已經換了好幾個男友了。

她和那些男友之間的關係，也是像蜻蜓點水一般的，她彷彿只是為了證明自己可以吸引男人。當那些男人拜倒在她的石榴裙下的時候，她就會拋棄他們。她喜歡看到他們很難過的樣子，她喜歡看到他們的窘樣，他們越難過，她心裡就會越得意。

偶爾她會用自己的身體去勾引其中的某個男生，當那個男生表示飢渴難耐的時候，她就流露出堅決不會和對方發生性關係的處女立場來。

失戀的時候，她會連續地聽一些很傷感的歌曲，有時候會一個下午單曲循環地聽同一首歌，然後眼淚一直流，瞳仁呆呆地凝視著一個地方不轉移。那個樣子，好像這個世界都欺負了她一樣的。

有時候她的療癒方式是追劇，沒日沒夜地追劇。那部連續劇看完之

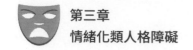
後，她還有可能無法從那個悲劇的結局中走出來，焦慮、失眠、憂鬱，是她的家常便飯。

後來她終於墜入愛河，和一個她愛得死去活來的男人結婚了。與這個男人戀愛和生活的時光裡，她度過了好多作秀一般的驚險刺激的日子，不，應該叫遊戲。

她需要他時刻都能夠關注到她，否則她會買酒來，一直喝到酩酊大醉，癱軟如泥，倒在地上。他來扶她的時候，卻怎麼也扶不起來，他發現自己不得不時刻關注著她。

懷孕的時候，她寫過兩篇日記：

第一篇：某年 8 月 29 日

我真沒想到事情會變化得如此之快，我正準備投入到某個專案上去，並告誡自己要珍惜他的愛時，我突然發現自己又懷孕了，月經不來、噁心、嘔吐、四肢無力等症狀開始襲來。

我開始默默地做著各種準備，找來所有的書，為生一個健康的孩子做準備。因為是意外懷孕，所以我提心吊膽了許多天。首先是去找一個行家，確定我之前吃的粉腸是不是母豬的，吸菸我也只吸過兩支，況且我根本是作秀，沒有把煙吞下去，問凱豐喝過酒沒有，凱豐也否認了。最後只剩下是否屬於保險套破了而懷孕的疑點，因為這樣的話，這個孩子的優秀程度就要打折扣了，醫生聽我說了也建議最好是不要這個孩子。但是我心裡清楚，我已經沒有選擇了，我有習慣性流產的病史，能夠懷孕都很不容易了，所以我一定要生下這個孩子，我要做媽媽。這是我猶豫了許多天之後的一個結果。

我完全沒有想到的是，凱豐對此竟然一點反應都沒有，最後一次「關心」地討論了一下我的月經日期是 7 月 25 日，之後，他就不再過問了，他從來不會問一下：妳難受嗎？這個孩子該不該要，再去找熟人問詳細點好嗎？作為孩子的父親，他做出一副與他無關的樣子，繼續玩牌、打球、看電視，絲毫不理會我明顯的妊娠反應，甚至我昨晚問他那幾天喝酒了沒有，他也只是回答即止，也不多問問我：「月心妳已經確定妳懷孕了嗎？」這是打從我月經延遲之後他從來沒有關心過的話題。

劉凱豐，世間有你這種丈夫和未來的父親嗎？妻子懷孕了，有關懷孕的內容，一句都不會從你口中說出來！

我生氣，也只有苦水往肚裡吞，特別容易疲勞的我，仍然時常加班到晚上十點半，叫樓下看電視的你，叫了 5 聲，你都聽不見，你難道不知道我很希望你陪我聊聊天嗎？

天啊，你是一個即將做父親的人嗎？為什麼一點都不想和我一起來探討有關這個新生命的話題呢？

我真的把你看清了，從此不再寄希望的男人啊！這就是一個據說是你深愛的女人的下場嗎？每天我看著你很開心地去打羽毛球、打籃球，你身體倒是很健康了，我的身體呢？你根本不關心！

像我這種情況懷孕的，丈夫都會日夜關心著「保胎」這個首要問題，因為有習慣性流產的病史。但是，他只知道他還有那方面的需求，卻不知道自己還需要對自己的行為負起責任！

凱豐，你這樣氣我，你可知道會對我肚子裡的小生命造成什麼影響嗎？

……

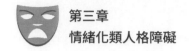
第二篇：某年 10 月 5 日

我不了解自己，人是一個怪物。

看著懷孕初期的日記，今天想記日記的心情一下子輕鬆不起來了。

凱豐走了，他又去出差了，和任何一次離別一樣，我都很難過。然而今天更加不同，我簡直不願意他離開我一步，是因為自己的身體狀況不好嗎？不是的，是我對他的依戀。

這兩個多月以來，我一直像一隻弱不禁風的小鳥一樣，要依賴著凱豐才可以生存下去，我吃什麼吐什麼，就連喝口水，都會翻江倒海地吐出來，他都會守著我，然後把我吐出來的穢物拿出去倒了，從來沒有看見過他嫌棄我的眼神。而且人家每天要上班，還把一個家收拾打理得乾淨整潔，裡裡外外都見他一個人在忙著，對我的照顧，也是一個男人難以想像的體貼。我很感激，也再次認識到除了他不會有別的人這麼愛我，我意識到了，徹底地意識到了：我這一生，都將是屬於他的了。這是我選擇了他以後，這麼多年來第一次鐵定了我這顆善變的心！

這一篇日記，和 8 月 29 日的那一篇日記，如同是兩個人寫的，面對完全不同的對他的兩種評價，我要如何去形容自己的人格呢？

很多時候我都不清楚我對自己的感受和對他的感受，所有的一切都依賴於當時的情景下我的緊迫反應。事情過了，新的情景如果再次出現，我又會忘記之前保存在我頭腦裡的關於他的好的或者壞的印象，然後，一切又會照舊。

我知道，媽媽對我在精神上的忽視，養成了我以自己為中心的性格，我很少會為他人考慮，雖然我內心也願意自己成為一個有犧牲精神的、成熟的女人，但是，我在婚姻裡反覆地以自己為中心，已經把我對

自己的良好形象的設計慢慢地摧毀了。我的一切感受都是最重要的，他都要依著我的感受來行事，如果他不按照我的感受來行事的話，我就會面臨如同解體一樣的崩潰和憤怒，然後這個憤怒一定會發射出去，如同一把火一樣去燒灼他，同時也燒灼我。

我的一切都是最重要的，我要他事事都遷就我的小心眼，失落感太重。被他注重是最重要的，如果得不到，我就會報復和懲罰他，這是一種什麼樣的人格特質啊？我不太會考慮我能給他什麼，相反，他對我一些輕微的不看重都會惹得我顧影自憐，生氣憤怒。

這兩個月我身體上的反應和虛弱，他對我無微不至的照顧，讓我又看到那個被人重視的自己，之前被他忽視的憤怒又被新的感覺所替代。我想，8月的那篇日記裡，我還是沒有認清他是什麼性格吧，他也許就是那樣不善言辭的一個人，不會從言語上關心我，但是，經過這兩個月，我知道了，他會從行動上關心我。雖然為了照顧我，他一天忙到黑，但是他心情可好了，都是唱著歌在做事，和我之間也是無話不談，也許是我對他的依賴，讓他也看到自己的力量了吧……

這兩篇日記的時間，只相差了一個多月。

懷孕的時候，她偶爾聽到別人說孕期血糖會偏低，容易暈倒，果然，在大街上走著的時候，她突然身體一軟，就暈倒了，但是她還是有部分意識的，她的部分意識支撐著她在倒下去的那個位置上，不會傷到腹中的胎兒。公司裡的人馬上就通知她老公來接她，那時她已經清醒過來，看到老公著急的樣子，她居然大笑。

她的很多情緒並不是根據她的內心出現的，她可以在什麼環境下表現什麼樣的情緒。所以到後來，她的老公發現她的很多表現都有點虛

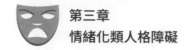
假，對她的熱情就降低了許多。

而老公在態度上的這種轉變簡直是要她的命，所以她繼續在一些事情上表現自己誇張的感受。久而久之，老公對此套路也很熟悉了，自然也就無所謂了。

幾年以後，老公和月心最終還是離婚了。

承受不住這個打擊的月心，出現了一系列人格解體（depersonalization）和解離症狀。

▋對做作型人格疾患的解讀與調適 ▋

月心的爸爸曾經在部隊裡工作過很長時間，後來轉職回到地方上，是一個一板一眼的老主管，頭腦裡有一整套「應該」和「不應該」的概念，那些概念似乎是完全無法撼動的。他用這些概念和月心交流的時候，月心感到爸爸是一個機器人，已經被高度異化了。

爸爸很關心月心，然而月心感覺到的爸爸是沒有溫度的，是冰冷的。每天爸爸會叮囑月心很多事情，爸爸口中說出來的話，沒有一句是錯的，但是月心就是感覺不到爸爸的關愛。

這也難怪，在月心小的時候，爸爸是在部隊的，媽媽總是在月心面前說爸爸的壞話。爸爸當然不是一個壞人，但是在媽媽心目中，爸爸是一個只關注工作和事業的人，對她缺乏溫情和關心，即便是在分居兩地的日子裡，爸爸的問候也少得可憐。

媽媽於是終日抱怨，心情鬱鬱寡歡，對月心的關心也非常少。媽媽的目光放在那個看不見她的男人身上。她似乎退化成了一個孩子，時常還需要月心來關心媽媽的情感。

月心就是在這樣的家庭中成長起來的。如何去吸引他人的目光，似

乎是她生命裡的頭等大事。

　　一個人小的時候在家庭中缺了什麼，長大以後，他就會去向環境索取，而且是加倍地索取，當環境無法滿足他的時候，他就會體驗到自體破碎的感覺，比如空虛、憂鬱、焦慮、無聊、孤獨、乏味、虛弱。為了避免這些感覺，做作型人格的人的策略是和他人緊密地結合在一起，從他人的眼光中尋找自己的存在感。

　　月心缺的是一種真正關注她存在的目光。爸爸雖然關心她，但是爸爸力圖做一個正確的人，這樣的人是很難共情到月心的，媽媽的心力全部都在得不到的那個丈夫的身上，所以媽媽無力來關注月心內心的需求。這樣，沒有一雙關切的目光放在這個孩子的身上，孩子的心就會變得很空很空，長大以後，這樣的孩子就會成為「吸血鬼」，用盡各種方式去吸引他人關注的目光，以補給自身缺乏的精神食糧。

　　以前，做作型人格疾患（histrionic personality disorder, HPD）是叫歇斯底里型人格障礙症（histerical personality disorder）。一種過度的情緒化和追求他人注意的普遍心理行為模式；始於成年早期，存在於各種背景下，表現為下列症狀中的 5 項（或更多）：

✎ 在自己無法成為他人注意的中心時，感到不舒服。
✎ 與他人交往時的特點往往帶有不恰當的性誘惑或挑逗行為。
✎ 情緒表達變換迅速而表淺。
✎ 總是利用身體外表來吸引他人對自己的注意。
✎ 言語風格是讓人印象深刻及缺乏細節的。
✎ 表現為自我戲劇化、舞臺化或誇張的情緒表達。
✎ 易受暗示（即容易被他人或環境所影響）。
✎ 認為與他人的關係比實際上更為親密。

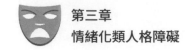

據說，做作型人格疾患和反社會型人格障礙症是最接近的，他們在症狀表現上的重合度非常高。所以，還有一種說法是：同樣的症狀表現在女性身上，容易形成做作型人格疾患；表現在男性身上，容易形成反社會型人格障礙症。

感覺上，這兩種人格障礙八竿子打不到一塊，怎麼就扯上親屬關係了呢？而且是近親。

但是，仔細一想，又覺得其實並不奇怪。他們在自私自利，眼中只有自己的感受，缺乏對他人的感受的感知，衝動，膚淺，情緒化，利用他人，操縱他人方面，還真的是很接近的。

最大的區別可能是：反社會型人格障礙症患者對人是毫無感情的，他們把有感情視作脆弱和恥辱；而做作型人格疾患症患者卻特別依賴他人，在這一點上，有和依賴型人格相似的地方。

做作型人格疾患和邊緣型人格障礙也有許多症狀是重疊的，比如分離焦慮、強烈的情緒化、害怕被拋棄以及非黑即白的兩極思維。例如月心的那兩篇日記，你會感覺到她描述的不是同一個男人，第一篇日記裡的那個男人就是一個十惡不赦的壞傢伙，而第二篇日記裡的那個男人又是一個天使。

做作型人格疾患和自戀型人格障礙也有比較相似的地方，比如都尋求關注和認可，尋求肯定和讚揚。但做作型患者為了成為被關注的焦點不惜卑躬屈膝，而自戀型人格的人是不會這麼做的，因為維護他們的尊嚴是他們的首選。

做作型人格疾患和迴避型人格障礙症的相似點不多，但是在對於被拒絕的態度上卻是出奇的相似，他們都對別人的拒絕性的態度過度敏感並且災難化別人的拒絕。迴避型的人是躲避掉任何有可能拒絕自己的場

合或場景，而做作型的人會努力去討好，直到被討好的人對自己和顏悅色，讓自己感到安全為止。但是，別人對他們的態度是不可控的，所以他們常常陷入無助，乃至會有驚恐障礙的發作來呈現他們在關係中感到的極度不安全。

做作型人格疾患在對人的依賴性上和依賴型人格障礙症患者很相似。

《人格障礙的認知治療》這本書上有這樣兩段話：

事實上，做作型人格疾患（HPD）患者在與人交往的初期常顯得善於交際、友好、和藹可親，很討人喜歡，但隨著交往的繼續，可愛的成分越發減少，逐漸讓人覺得患者要求太多，總是不斷地需要別人的保證。如果他們認為有直接被拒絕的風險，就試圖採取間接的方式尋求關注，一旦更複雜的方法失敗，就試圖借助於威脅、強制於人、發脾氣或自殺威脅來達到目的。

做作型患者致力於獲得外在的贊同，認為外在事件比自我的內心體驗重要。他們對自我的生活漠不關心，難以從其他人中獨立出來，主要透過別人的評價來看待自我。實際上，他們的內心體驗迥然，感到很不舒服，迴避內省，不知道如何去處理這份不安……

這段話會讓我感覺到，做作型人格疾患症患者彷彿是一隻寄居蟹。他們寄居在別人的目光中，然後透過別人的目光返照回來，看到自己。

這其實是一種很可憐的狀態，一個人只有把自己給丟失了，才會這樣去向茫茫人海中的其他人索取一份認同，別人給和不給，給得了多少，都可以左右他的情緒。

而且，做作型人格的人情緒發作起來也是走極端的，要麼偏左，要

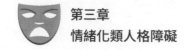
麼偏右。在這一點上，和邊緣型人格障礙症患者很相似。

如何調適？

擴大自己的情緒知覺。做作型人格的人情緒體驗停留在非常簡單的層面，他們似乎無法深入地體驗自己的情緒情感，所以給人膚淺的感覺。調適的方法就是要學會觀察和聆聽自己的情緒情感，然後盡量用細膩的語言去表達自己的情緒情感。當然這一過程如果能在諮商心理師的幫助下進行，患者會獲益良多。尤其是每次諮商的時候，盡量集中在一個話題上，把這個話題深入地「挖」下去，不要做發散式談話，這對於患者的情感體驗變得豐富、細膩、很有幫助。

學會識別自己內在的需求。做作型人格的人似乎是把自己的雙眼安置在別人的身體上，這使得他們過多地關注關係的存續，因而患得患失，忽略了自己真正的需要是什麼。調適的方法就是學會識別自己到底想要什麼，然後更多地用語言來表達這個部分。

學會挑戰「離開你，我就活不下去」的人際觀念。平時他們就是這樣想的，所以他們會把自己的喜怒哀樂過多地和別人黏附在一起。事實上，他們已經不是孩子了，離開了別人，他們照樣可以存活。

避免過度概括的歪曲認知。他們如果喜歡一樣東西，就會表現出垂涎欲滴的樣子；他們如果不喜歡一樣東西，就會表現出避之唯恐不及的態度，好像愛憎非常分明的樣子。他們對待一個人的態度或者對待自己的態度也常常如此，常常在兩個極端之間搖擺。改變這種極端的態度需要從調整歪曲的認知著手，在黑白之間總是存在大量的灰色地帶，大多數事情都不是涇渭分明的。

第四章

焦慮型人格障礙

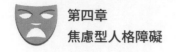
強迫型：他過著很機械的生活

李瑞科，男，高中數學老師

我和他結婚 16 年了，我今年 40 歲，他 42 歲。

最開始的那幾年，我對這段婚姻的感受還是挺不錯的，他在各方面都很細心地照顧著我，如同我的母親那樣。但是，近年來，隨著我的精神分析師和我工作的時間越來越長，我個人意識的某些方面漸漸地復甦之後，我對這段婚姻的感受也在發生變化。

他叫李瑞科，是一個高中數學老師，他是我們這座城市很知名的一個優良教師。他在教學上嚴謹細緻，無可挑剔。每年學測，他帶的那個班級學生的數學成績普遍都很高，所以很多學生家長不斷地靠關係，想把自己的孩子弄到他教的班級。

他每天早上 6 點準時起床，然後出去跑步鍛鍊半個小時回來，替我和兒子做好早點，我們一起吃飯結束以後，他就去學校上班。下午他沒課的時候，會早一點回家，把他在午休時在學校附近的菜市場買好的菜帶回家來，做好晚飯，等著我和兒子回家以後一起吃。

他沒有一個朋友，幾乎很少有應酬，所以他的業餘時間全部都在家裡。以我對他的了解，他也是絕對不會有外遇的那種男人。

老公人長得也很好看，按理說，嫁給這樣的男人，我應該是知足了。但是，事實並不是這樣的。

因為，我越來越覺得，我是在和一個機器人一起生活。

他每天晚飯後就到他的臥室裡，要麼改作業，要麼備課，他總是要忙到晚上 11 點或者 12 點，才結束他的工作。工作完成以後，他再開始打掃家裡，我們這套 60 坪的兩層樓的房子，他可以一直打掃到凌晨 1 點。

他打掃房間的步驟總是固定不變的，這麼多年來，我閉著眼睛都知道他在哪個點做哪件事情。

他一般是在晚上 11 點結束他的工作，這似乎也是有生理時鐘的；如果是 12 點結束的話，那通常是第二天有一個新的備課了。

11：00 ～ 11：15，他一般是在一樓拖地，隨後上二樓拖地，11：40 左右，他開始用抹布擦家具上的灰塵，12：15，他開始刷馬桶，12：30，他開始收拾和清洗廚房。隨後，他要去雜物間進行一些東西的整理。

在他的雜物間裡，堆放著大量我們過往生活裡丟棄的東西。如果是按照我的性格的話，我早把那些東西扔了，有些東西很明顯是不會再用到了。但是，對他來說，那是不可能被丟棄的東西，他總是說，誰知道在什麼時候會用到這傢伙呢？

每天晚上他上床的時間，大約在凌晨 1 點左右，有時候會更晚。

他這個晚上打掃家裡的習慣，並不是一結婚就有的，那個時候他還沒有這麼教條。

這個習慣出現的時間點，我記得不是很清楚，大約是在他職業生涯上出現一次低谷的那一年開始的。

那年學測，他那個班的學生成績創了他職教生涯的最低紀錄。他慌了，不斷地找原因，我看到他人都瘦了許多。

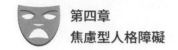
從那以後，他開始在晚上 11 點以後打掃家裡。這個習慣已經成為他入睡之前的一種儀式，他不做，就沒有辦法入睡。

我們曾經找過打掃阿姨定期來家做保潔，但是，每次打掃阿姨走了以後，他都要去檢查保潔的工作，而且總是能夠找到保潔馬虎大意的地方，找到一些工作上的疏漏。所以他就決定親力親為來做家裡的保潔工作。

說實話，一個中學教師的工作有多繁忙，我是看在眼裡的。我看到他這些年有早衰的徵兆，頭上出現了不少白髮，加班工作到半夜，還要打掃，我知道他很不容易。

而且，他每天晚上在家裡這樣大動干戈地打掃，也影響到我和孩子的睡眠啊！

最開始我對他的這個習慣是抵抗的，因為我有早睡的習慣，我通常在晚上 10 點上床睡覺。後來我也根據他的工作規律，把入睡的時間改成了晚上 11 點，因為我很希望他可以陪伴著我入睡。

但是，從 11 點再延長到 1 點，這不是我的生理時鐘能夠接受的。所以，我和兒子要求他先收拾一樓，因為我們都在一樓睡覺。

自從他這個習慣開始以後，我們夫妻幾乎很少同房了，因為他上床的時間，我早就睡著了。而且，自從他開始在半夜打掃以後，他對性的需求也幾乎沒有了。

我一般不會主動地去跟他要求同房，而且，我們每天晚上似乎在玩時空交錯，我總是碰不到他，他也總是遇不到我，我們就連做愛的共同時間點都沒有。

以前，他有在早上醒來時和我做愛的經歷，但是，自從他開始在晚上打掃，他早上醒來以後，就再也沒有精力和我做愛了。而且，他計劃 6

點起床要做什麼，那可是如同軍令一樣的、雷打不動的一條「鐵律」，如果早上醒來還要和我做愛的話，他這條「鐵律」就可能被破壞掉。而這對他來說，是一個不能允許發生的錯誤。

我有無數次對他說，「你不要在晚上打掃嘛，那會影響你的睡眠，影響你的休息，影響我們大家的步調……」當然，最重要的是還影響了我們的夫妻生活。但是，這句話我沒有說出來，不知道為什麼，我並不想提到這個。

但是，我的話，甚至兒子的話，對他都沒有絲毫的撼動，他依然如是，日復一日地為他的工作和這個家的生活「賣命」。

我並不是不想去協助他做點什麼，但是，我發現，不論我試圖做點什麼，最後的結果都可能是他不滿意的。比如：我去買菜回來，他會說這個菜沒有蟲眼，不健康，或者這個菜不怎麼新鮮了，或者就是我買貴了；我如果要弄飯吃，他會說，我放的油多了，我放的鹽多了，我炒的菜火候不對；我如果去洗碗，問題多半是擔心我洗碗精放多了，清洗的次數不夠，彷彿他下一次再用到我洗的碗吃飯會中毒一樣……

所以我在家裡，幾乎是什麼事情都不做的。這倒是很符合我的需求，因為我在我的原生家庭裡，就是什麼事情都不做，我已經養成了習慣於被別人伺候的大小姐性格了。老公這樣對我，我也樂得清閒。

有時候看得出來他也很累很累，我也會於心不忍想去幫他，但是他絕對不會給我機會，彷彿我無論怎麼做，都只是在給他添麻煩一樣。有幾次我洗完碗以後，看到他還進廚房收拾了一段時間，我甚至懷疑我洗過的碗，都有可能被他重新再洗一遍。所以我很快就明白了，是他需要去那麼做的，那是他的需求。不是我狠心和自私，是我真的沒有介入他的預設模式中去的可能性。

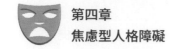

　　還有，每次寒假和暑假，我們一家人自駕出去旅行，對他來說，也會被他變成一個公式。

　　這個公式是怎麼來的呢？就拿上次我們去旅遊來說吧：從我們家出發，幾點可以到哪個地方，然後在哪一家餐廳吃飯，飯後還可以趕路多少公里，然後會在哪一家飯店住宿……他都會提前一個月安排好，在網路上就把費用都支付好了。問題是，計畫不如變化快，我們常常會有一些臨時的調整，而這些調整每次都會讓他心力交瘁，要麼對我們母子倆說話陰陽怪氣的，要麼就直接生氣不理睬人了。

　　當然，如果一切順利，就按照他預定的時間和行程去走了，我心裡始終還是覺得有哪點不對勁。我喜歡在旅行中可以自由發揮，遇到哪個地方好玩就多待一下，不要有一種緊迫感，好像旅行是為了完成某個計畫和目標而去做的事情一樣。

　　而我這樣的理念，在他那裡是行不通的，他無法理解一個人怎麼可以這樣隨性，如果一切都不能按部就班，對他來說，是一件會讓他非常不安的事情。所以我還是能夠明白讓他接受隨心所欲有困難，我試著讓兒子和自己盡量去理解他。

　　當然，和他一起出門也有很愜意的地方。那就是，我幾乎不用動任何腦筋，他會把我們母子倆的一切事務安排得妥妥當當，我們只需要玩就可以了。他是我們的司機，甚至可以毫不誇張地說，他還是我們的保母。

　　旅途上遇到的朋友會很驚奇地誇我，說我們出門帶的東西很齊全，我怎麼可以考慮得那麼周詳，那是因為他們不知道，其實那些東西都和我無關，那是我老公的功勞。你知道嗎？每次我們出門，吹風機、風油精、洗護用品，甚至晾晒衣服的繩子……一系列的出門必備，他都會巨

細無遺地考慮到，兒子在路上愛吃什麼零食，我在路上有哪些東西是必須帶的，其中包括我用的衛生棉的牌子是什麼，他從來沒有弄錯過……

這些地方常常顯示出他對我們的在乎，但是我很奇怪的是，在另外一些地方，他腦海裡又常常沒有我們的存在。比如說：路上碰到一個地方非常有趣，我們想在這個地方多停留一下，他是不會允許的，因為他有既定線路和時間計畫安排，如果我們把哪一個計畫打亂了，意味著他的旅行方案要全部從頭來過……

所以，其實我們的旅行更像是在趕路，在完成計畫，我們匆匆忙忙從一個地方到另外一個地方，然後又匆匆忙忙離開那個地方前往下一個地方，好像只是讓他過開車癮一樣，這種感覺讓我和兒子很不爽。每一次旅行完，都不想再和他一起出門了，但是到下一次旅行來臨時，我們又會忘記這種感受，繼續和他一起出門。

每次出門，他都會帶一兩本書，我對他說：「出來玩，你就好好地放鬆一下你自己，平時你就夠拚的了，出來都還不放過自己啊！」但是他不會聽我的，而且我也有一種感覺，他很害怕浪費時間，比如偶爾塞車，在路上塞上幾個小時之類的，他就會把書拿出來看看，路通了以後，就叫我來幫他開車。

我和他在一起這麼多年的感覺是，他在廚房的時候，很像是我的媽媽，我媽媽就經常在廚房裡忙碌，為我們姐妹幾個弄好吃的。所以，每當他在家裡很勤勞地做著各種家事的時候，我都會覺得自己是一個被照顧著的小孩，被愛包圍著的小孩，很溫暖。

但是，在另外的時刻，他又如同是一個我不熟悉的人一樣。比如：每當我回家，對他抱怨我們主管在工作安排上有不公平的時候，他就會否定我的感受，然後跟我講道理，說主管這樣安排自有他的考慮之類

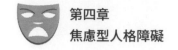
的。那個時候我很煩躁，我不需要他跟我講大道理，我只需要他認可我的感受就好了。

最讓我對他不滿的，是他對待兒子的態度，他時常對兒子說教。在他說教的時候，我覺得他面目可憎，毫無溫情，只是一個機器人。

他有許多規則需要去遵守，比如：每天我們一家三口好不容易坐在飯桌上了，兒子就會開始喋喋不休地說他在學校裡發生的事情。這個時候，他就會禁止兒子在吃飯的時候講話，兒子有時候忍不住還是要說，他就會用筷子去敲兒子的頭。

我私底下跟他說過，孩子一天的時間，基本上都在學校，每天回家和我們相處的時間很少很少，能夠聊天的時間更少，吃飯的時候難得能坐在一起，為什麼你要阻止孩子在吃飯的時候講話？

他說，吃飯就應該專心吃飯，一邊吃飯一邊聊天，會影響人的消化功能……

還有他對兒子有很高的成績上的期待，兒子也在他的學校上學，我感覺，如果兒子的成績不好，似乎會影響他在學校裡的名聲一樣。所以他對兒子的遊戲時間嚴格控制，導致兒子對他越來越叛逆，也越來越不愛讀書了。這學期，兒子的成績下滑很嚴重，他找兒子談過幾次話，兒子都不怎麼搭理他……

關於兒子的讀書問題，我也和他交流過我的看法，但是都沒有用。他本身就是做教育的，他有無數的教書育人的成功經驗，他有他自己的一整套思維方式，並且覺得那就是最好的。

但是他忘記了，在班上他面對的是他的學生，在家裡他面對的是他的兒子，這個身分是不一樣的，從而導致兒子對他的叛逆。一個叛逆的孩子，又怎麼可能去聽他的道理呢？

在學生那裡，他只是老師；在兒子這裡，兒子需要的不只是道理，兒子還需要爸爸懂他。如果爸爸不懂他，再多再好的道理，他也不想聽，因為兒子對爸爸也有一個期待。

他是學習過教育心理學的頂大高材生，但是，面對人性這樣複雜的方程式，他顯然還是停留在簡單運算的階段裡。所以，我越來越不願意和他交流了。我甚至感覺到，我在這個關係裡是不存在的，雖然他把我們母子倆的生活照顧得無微不至，但是，我們的心思他看不到，我們的情緒他是忽視的……

最近這兩年，我越來越看清楚我在這段關係裡要的是什麼，要到的是什麼，要不到的又是什麼。我在思索，我為什麼會在這樣的關係裡待了 16 年，我還願意停留多少年？對我們的關係，我越來越感覺到疲憊，不知道還有沒有修復的可能。

▎對強迫型人格障礙的解讀與調適▎

（1）

在這個故事中的李瑞科，就是一個典型的強迫型人格障礙症（obsessive-compulsive personality disorder, OCPD）患者。

我們先來看看強迫型人格障礙的診斷標準：

這是一種沉浸於秩序、完美以及精神和人際關係上的控制，而不惜犧牲靈活性、開放性和效率的普遍模式；起始不晚於成年早期，存在於各種背景之下，表現為下列症狀中的 4 項（或更多）：

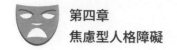
✎ 沉浸於細節、規則、條目、秩序、組織或日程，以至於忽略了活動
的要點。

✎ 表現為妨礙任務完成的完美主義（例如：因為不符合自己過分嚴格
的標準而無法完成一個項目）。

✎ 過度投入工作或追求業績，以至於無法顧及娛樂活動和朋友關係
（不能用明顯的經濟情況來解釋）。

✎ 對道德、倫理或價值觀念過度在意、小心謹慎和缺乏彈性（不能用
文化或宗教認同來解釋）。

✎ 不願丟棄用壞的或無價值的物品，哪怕這些物品毫無情感或紀念
價值。

✎ 不情願將任務委託給他人或與他人共同工作，除非他人能精確地按
照自己的方式行事。

✎ 對自己和他人都採取吝嗇的消費方式，把金錢視作可囤積起來應對
未來災難的東西。

✎ 表現為僵化和固執。

（2）

強迫型人格障礙是怎麼來的呢？

按照佛洛伊德的觀點，這類人很明顯地表現出和肛欲期固著（fixier-
ung）相關的特徵來。比如積攢東西、吝嗇、遵守規則等等。

我倒是覺得用行為主義的條件反射理論，就可以很簡單地解釋強迫
型人格障礙的來源。

就拿李瑞科的成長經歷來說吧。

他爸爸是一間公司的高管，對妻子和孩子們是充滿愛的，但是爸爸

的性情很暴躁，只要孩子沒有按照爸爸的標準來做事，爸爸就常常不問青紅皂白，暴打孩子們。李瑞科的幾個兄弟姐妹，無一倖免，只有在打女兒的時候，會手下留情一點而已。

爸爸不僅是暴打孩子，也時常暴打自己的妻子，所以，往孩子們被打的時候，媽媽一般不會去保護自己的孩子。李瑞科常常被爸爸打到屁股開花或者筋骨損傷，幾天都不能去上學的程度。

這樣環境下長大的孩子，他對於犯錯有一種很恐懼的心理，所以他要時常反覆地去檢查自己有沒有犯錯，有沒有達到權威所要求的標準。李瑞科在備課的時候，充分地展現了完美主義的特點，他會反覆地去想，這個細節上要怎麼去講解，學生才能更好地理解這個難點。所以，當別的學校的老師來旁聽他課堂教學的時候，對於他的備課水準都是驚嘆的。

這就是一個完整的條件反射：犯錯－挨打－愛的收回－恐懼－害怕犯錯。

另一種解釋認為：兒童在其為掙脫父母控制而獲得獨立的抗爭中，會形成攻擊性的行為方式。為了防禦這種衝動的威脅，兒童會對其加以否認和內化，從而在行為上表現為過於嚴格地控制自己的行為，並逐漸成為一貫甚至是終生的行為模式。

有一次，瑞科在看見爸爸再次暴打妹妹的時候，有一種衝動，那個時候他已經讀高中了，他已經學習了武術，並且學得不錯，他有力量了，他很想上前去和爸爸對決，然後保護妹妹不再被打。但是他很清楚，他一旦動手，爸爸很可能不是他的對手，他會把爸爸打成什麼樣呢？他感覺到他的拳頭已經握出了清脆的聲音，他正準備出手的時候，外婆拉住了他的手……

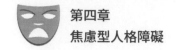
　　他出現每天晚上打掃的習慣，是在他所教的那屆學生成績考差了以後。其實那對他來說，就是一個類似「犯錯」一樣的事實。這個事實的背後，會有一種想像中的「被打」，在想像自己會遭遇這樣的對待的時候，他知道他的條件反射是還擊對方。但是，這個對方如今已經是一個虛弱的老人了，而且，恪守孝道的他也不可能真正對父親做出出格的行為來。那麼，如同「贖罪」一樣打掃衛生，是否是一種他能夠控制自己的行為、讓他覺得「安全」的緩解焦慮的方式呢？

　　同樣是被打的孩子，為什麼有一些成了邊緣型人格障礙者，有一些成了衝動型人格障礙者，有一些成了強迫型人格障礙者，而另外一些則會成為迴避型人格障礙者呢？

　　他們的親子互動模式可能是這樣的：

　　邊緣型人格障礙：暴打＋溺愛＋喜怒無常。

　　衝動型人格障礙：暴打＋羞辱。

　　強迫型人格障礙：暴打＋賞罰分明＋控制。

　　迴避型人格障礙：暴打＋忽視。

　　當然，上面這些只是我的一個推測，但是我很喜歡透過這樣一些關於人格來源的親子互動模式組合，來預測一下怎樣的親子互動模式，可能導致一個人的人格會有怎樣的呈現。

（3）

　　強迫型人格障礙症患者的整套行為模式都好像是在打啞謎，實際上他們也是在表達，只是更像是一種「行為藝術」，而且是一種很抽象的行為藝術。

人格障礙譜系上的這些人的言行，都像是在打啞謎，症狀就是他們的謎面，癥結就是謎底，可是，你讀懂了嗎？

李瑞科反覆打掃的行為，在述說什麼？我很在乎你們，我要把家裡收拾好，因為我的爸爸是一個很講究衛生的人，所以我的妻子也一定是這樣的。我不管再累再忙，也要把你們照顧好，希望你們不要拋棄我⋯⋯

我要把我的教學品質弄到最好，我不希望別人對我不滿，對我不滿，通常是「暴打」我的前奏。每一次被打，除了身體上的疼痛，還有精神上被否定和被拋棄的痛楚，我不喜歡這樣的感覺。所以，我動點腦筋算什麼呢？我加班加點又算什麼呢？總比「被打」的待遇要好一些嘛⋯⋯

這裡的「被打」，已經是一種象徵性的東西了，比如要是教學品質不高，有可能被校長嫌棄和批評，有可能被學生家長嫌棄和鄙視，有可能被學生否定和不滿⋯⋯當然，這都是童年期創傷累積帶給李瑞科想像世界的東西，並不是真實世界中會發生的⋯⋯

他們看起來頑固和無法溝通，實際上，他們是拚命捂住自己的衣服，害怕被打時直擊體膚的膽小的孩子。

（4）

和強迫性精神官能症（obsessive-compulsive disorder, OCD）的區別。

這兩個病時常共病，大約有 40% 左右的共病率，但是，這兩個病的區別還是很明顯的。

最簡單的區別就是：強迫症是自我很不和諧的，他對他的症狀非常痛苦，很想擺脫。

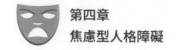
　　而強迫型人格障礙症患者是自我和諧的，他沒有覺得他每天晚上打掃有什麼問題，是他的妻子和孩子覺得有問題，他本人是安之若素的。

（5）

　　如何調適？

◆ 學會表達感受

　　強迫型人格障礙症患者最大的困難是很難把內心的緊張和焦慮用語言表達出來，他們往往透過行為來表達，有時候又透過強迫性思維來表達。

◆ 學會傾聽

　　他們也會和人交流，但是，他們在交流的時候只有自己這一方的觀點，而不想去聽另外一方的觀點。這樣的武斷和專橫，像極了當年他們那嚴苛的父母。他們也學會了以這樣的方式來和身邊的人對話，而每當這樣的對話一開始，就難免遭遇結束或者被冷落的命運，所以，強迫型人格障礙症患者的生活，就如同一個話題終結者一般。他總是在自說自話，他以為別人在和他對話，實際上沒有人聽他說話，他是一場熱烈對話的孤獨參與者。

◆ 學會「犯規」

　　他們似乎是背負著一個規則的殼在行走的人，這樣的規則限定下的他們，自我感覺十分安全，但是，他們是以失去更大範圍的自由為代價，來換取一個井底的小範圍內的安全。所以，學會「犯規」對他們很重要。

　　只要有過一次「犯規」，並且發現「犯規」的後果完全沒有他們想像中那麼可怕，他們的強迫性思維和行為，就可能有一個很大的改變。

迴避型：夫妻不過是彼此孤獨的見證者

謝慧珊，女，45 歲

她丈夫，徐雋中，47 歲

（1）

　　每天下班回家，偌大的家中，只有我一個人的感覺，讓我很是不知所措。

　　他在我身邊的時候，我就像一個被灌注了正常能量的孩子，我可以安然地做所有的事情，看電視、做蛋糕、繡十字繡、看書，該做什麼就做什麼，心裡很踏實，就算偶爾出門，知道家裡有一個人等著我，心裡也是很溫馨的。感覺他不喜歡我晚歸，和朋友們在一起玩耍的時候，我都不敢拖得太晚回家，但是心裡也還是樂意有這麼一根線在牽著我。而現在，回家的時候，已經沒有人在家裡等著我，感覺是很冷清的。

　　昨天請人來家裡安裝好了電視，家裡終於可以看電視了。我才明白電視對於一個孤獨的人的作用，當電視裡的聲音響起，我心裡一下子就踏實許多了，因為我在電視裡面聽到人的聲音，是的，是人的聲音就可以了，知道這個世界上還有人在陪伴著我，哪怕僅僅是想像中的陪伴，

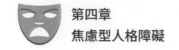
那也比家裡靜悄悄的好啊！而且，雖然我在收拾房間，並沒有坐在電視機旁，但是，我知道那裡面不僅是有音樂，還有人的畫面，這就比我只是放手機裡的音樂，對我的安慰效果強。

妹妹在黃昏時來我家幫我收拾了一下東西，她走的時候，其實我都希望她可以多待一會兒，這樣的孤獨恐懼症（autophobia）如何是好？

一旦回到家，到了晚上，我就把客廳那臺大尺寸的電腦打開，把裡面的電視軟體打開，放著最大的聲音，才能吃飯或做點別的事情，否則，這個空蕩蕩的家裡，沒有一個人陪著我，我會覺得孤獨。雖然心中感覺可以做很多事情，在 A 市有事業，有家人，有朋友，有藍顏知己，但那些都是想像中的人生陪伴者，並沒有一個實際的陪伴者，只有他是，而他在某些時候也不是。所以，人最終還是得面對孤獨。

突然想到他一個已經離婚的妹妹說的那句話，家裡多一個人，哪怕就是在眼前晃晃，也是好的。那是一個經歷了長年孤獨的人說的。而對我來說，這樣的孤獨其實還不是真正的孤獨，我在寫日記的時候，心裡是有對象在傾聽我說話的，所以這種孤獨的感覺下降了許多……

有時候也會問自己這個問題：這個世界上，是男人更懼怕孤獨，還是女人更懼怕孤獨？這也是一個沒有答案的問題。其實，還是看個人的性格吧。他外婆從很年輕的時候就是單身，卻很自在地活到了九十多歲；他七十多歲的姑姑，雖然也是很年輕的時候就離婚了，但是一個人也活得很自在。所以，可能孤獨對他們那樣的家族來說，不會是一個大問題吧？他們調整自己心態的能力遠遠超過我這樣的家族的後人。

其實，和他在一起的時候，我們之間的交流也很少，我們都是那種很內向的人，很不喜歡說話。但是，我心裡知道，我們在非言語的層面上有許多交流，而我也很享受和他待在一起的每一個片刻。

有時候想想，如果說我是一個思想者，那麼，他可以說是一個生活家，生活的藝術家。和他生活在一起，生活上的事情，我是一點也不需要操心的，他會把一切收拾得妥妥貼貼。他知道超市的哪些東西便宜，哪些東西適合購買。在超市的時候，都是他決定購買什麼；家裡的花，也是他在用心侍弄；廚房就是他展現愛心的天地。這一切的動作裡面，都有一顆濃濃的愛心，這些不是透過語言來表達的，但是這些行為的背後有語言，有他對這個家的熱愛，對生活的熱愛和對我的關心體貼。

只是，除了這些，我們之間的確很少有語言層面的溝通。

他的很多感受，他都不告訴我，我也許有過忽略他感受的時候。但是我知道，大多數時候我還是會照顧到他的感受的。

很多年前，我們一起開公司的時候，有一天在回家的路上，他一直不和我說話，並且臉色也很陰沉。通常這種時候，我都能夠覺察出，他是對我不滿意了，而且如果我去問他，他也不會告訴我。於是我開始了大腦搜尋的過程，我想了很久，也沒有想出這兩天有惹到他的地方。突然間我的腿有點軟，因為我一下子想到，是不是他把我們今天收的錢弄丟了？每天我們都會收到幾萬元現金，之前，他把放在身上的一部分現金弄丟過，那一次，他就是這樣的表情。

所以我就去問他，他搖頭說不是，但是也沒有告訴我，他為什麼會有這樣的表情。

一直到第二天我才知道，他只是感冒了而已。

類似的例子有很多，他不舒服的時候，都不會告訴我，我感到被他排斥在另外一個世界。

每當這種時候，我會很詫異，難道我平時很不關心他嗎？我自問我並不是這樣的人，雖然有時候我會大大咧咧的，但是我很愛他，這一

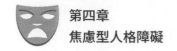

點，他應該能夠感覺得到。

但是，如果一個人自己很不舒服，都不和另一半分享的話，這算是什麼夫妻，什麼婚姻？我感到無比的驚詫。

我還觀察到，他媽媽也是這樣的人，有什麼不舒服，從來不會和人說，每一次都是透過表情來表達。然後，她的幾個孩子就會慌神一樣四下裡猜測。

在他們家，每個週末一家人都會在一起聚會，但是，那個聚會，我感到無比壓抑，除了他爸爸和大姐夫會表達自己的感受，其他人都不會說自己的感受。他們也許會說許多和工作有關，和家庭事務有關的事情，但是，不會有一句涉及他們內心世界的心裡話。所以，雖然每次聚會，那個家裡不缺乏美食，不缺乏熱鬧，但是我還是感到無比的孤獨。

我們結婚這麼多年了，這種感覺一直讓我很壓抑。每天我們都會有對話，但是大多數時候都是和某件具體的事情相關的對話，比如你出去散步嗎？你要洗澡了嗎？吃飯了，但從不會是，你今天想吃點什麼？因為這是一個詢問的話語，是一個表達關切的話語，這種情感他是不會表達的。雖然我知道他很關心我，但是表達出來，就會伴隨羞怯感。

一個屋簷下的這個人不和你交流，然後我們如同兩個生活在一起的陌生人。我們只是寄住在一起，但是不發生任何實質的深度的心理互動。

難道是早年戀愛的時光裡，他把該說的那些內心祕密都和我分享完了？還是老夫老妻，沒有必要再交心了？

每天我都會安慰自己，他對我夠好的了，每天去買我愛吃的菜和水果，然後做飯給我吃，有時候連碗都不讓我洗。在這些非言語的部分裡，我觸及得到他對我的寵愛。

　　但是朋友說：「我聽了妳的故事，只是覺得心疼，我的心很痛，不知道為什麼妳的故事會讓我有這樣的反應。也許是妳的孤獨吧。至於妳描述的他照顧妳的生活，我只看到一個小孩物質上被滿足的時候的感受。但是，精神世界卻是被忽視的。」

　　這不與我媽媽和我互動的方式一模一樣嗎？從小，我媽媽把我的生活照顧得無微不至，但是，對於我的精神世界，卻從來不願意有一絲的關心，甚至還會踐踏它。老公比媽媽做得好的是不踐踏我的精神世界，但是卻讓它荒蕪著，從來不願意踏進去看一眼。

　　我們沒有涉及內心世界的交流，或許我們也沒有這樣的話題來述說，有時候實在找不到話題，我就把我發現的他們家的每一個人、每一個細節拿出來說，通常他還是沉默，唯恐說多了會犯錯一樣。

　　那種時刻，我並不是一定要去說那些瑣碎事。我只是覺得，在我們之間，每天都是這樣悄無聲息的世界，我需要找到一些共同的話題，可以讓彼此感覺到有共同語言。

　　我和他在一起，但是，他和我是在一個屋簷下的兩個陌生人，所以，我依然孤獨。

　　因此，我活在一個無比孤獨的世界中。我想衝破這一切，但是，我內心沒有力量可以這樣做。

（2）

　　回想我們曾經在一起生活的一些細節。

　　某天下午，我一個人在廚房做蛋糕。其實在這樣的時刻，我好想他可以參與進來，但是他歷來沒有這樣的熱情，他去玩電腦遊戲了。我發現我在那時，有一種說不出的孤獨，我知道這種孤獨和他無關，也許是

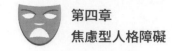
心底的舊傷在發揮作用，但是我依然感到很難過。

我的一些女性朋友也有過一個人做事時特別孤獨的感覺，這個時候，她們會央求丈夫的陪伴，而丈夫也會停止自己手上正在進行的事情，去陪伴自己的妻子。我曾經對他發出過無數次這樣的信號，被拒絕之後，我不再發出信號，但是，每當這樣的時刻，我一會兒請他去幫我拿個延長線，一會兒請他把烤箱的插頭插上，他一定覺得我很煩。但他並不知道，我想要讓他參與到我生命的活動中來。

當然，平時我也非常忙碌，沒有多少時間陪伴他，所以平時他都是一個人默默地在廚房裡做事，我也沒有陪伴他，但是他從來不抱怨，也沒有希冀我的陪伴。所以我也很習慣他一個人在廚房忙碌，而我在臥室裡辦公。

好多年了，我們只是一個屋簷下兩個孤獨的、各做各自事情的人，我們只是共同生活在一起，思想沒有交集，靈魂沒有碰撞，我很孤獨，在他的故鄉的時候，尤其如此。所以有時候我會覺得我們彼此是在維持一種假象的相愛狀態一樣。

一對夫妻沒有交流，沒有爭吵，但是，我內心又有那麼多的話想表達，想讓對方進入自己的內心世界。但是對方堅決不願意進入，只願意和我維持一個表象的互動，並且也只想停留在這樣的狀態之中。這樣的事實，本身就容易讓我感覺到自己的存在是一個被忽略的狀態，所以我在這種平和的關係之中，會時常感覺到有什麼地方不對勁。

但是我一直忍受著這樣的不對勁，因為支撐著我維繫這段婚姻的，是他對我生活上的無微不至的照顧。在那樣的時刻，我覺得我們之間其實是不需要語言的，語言的交流是多餘的，那樣的時刻很美，美到超越了任何語言。

我在他對我的照顧中感覺得到他對我的需要，我在他生命中是最重要的存在，他願意為了我去付出，而且是心甘情願地付出，從來沒有想過我對他的回報。如果說有，那就是陪伴在他的身邊。我知道，他希望我可以一直陪伴著他。

他依然每天出去買菜，做飯，做家事，我愛吃什麼就買什麼，有時候我覺得這個過程好像是他在餵養我，哺育我。我突然發現，我們之間那麼美的夫妻關係，實際上很像是我和我媽媽的某種關係的重現。

每天，我在繁重的腦力勞動之餘，會去親親他，抱抱他，他也會時不時地來抱抱我，或者咬我的手臂，我的手臂上，到處都是他的牙齒印，每一次我都很痛，然後用力地抓他，捏痛他的身體來阻止他的咬。但是通常沒有用，因為我的力氣很小……

每天都會有這樣的時刻，我們如同兩個小孩子，在這個房間裡發生各種好玩的事情。有時候，我會做出各種「奇葩」的走路姿勢來逗他笑，有時候，他做出各種奇特的表情來逗我笑。

這一切過程裡都充滿了小夫妻的打情罵俏，我知道我們應該是叫老夫妻，但是，對於兩個心理年齡都還停留在 3 歲的成人而言，這樣的夫妻情趣，也只有我們才能擁有。所以有時候，我覺得我們心理都有疾病，也是蠻可愛的。

其實我心裡也清楚，他很沉默的個性，是我嫁給他這麼多年來一直如此了，是根本不可能改變的。然而，在我覺得自己想要交流，而他總是沉默的時候，我也是很絕望的。但是在這些打情罵俏的時刻裡，也有無數的超越語言的東西存在著。

所以，他是個啞巴又有什麼關係呢？在我心情好的時候我會這麼想。

但是，我不可能總是心情好。

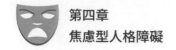
（3）

在他不高興的時候，他可以長達半個月甚至一個月不和我說話，不和我親熱，而且如果我不主動的話，他是不會主動的。這個過程時常讓我抓狂，我曾經反覆地主動與他和好，但是這樣反覆的主動之後，我會發覺自己很厭倦這樣的遊戲了。

最要命的是，因為我們是異地戀，結婚以後，時常會因為雙方父母的要求而回到各自家鄉生活一段時間。我們就會時常有長達半年至一年的分離，有一次分離甚至長達兩年。

在分離的時候，他從來不會打電話或者傳 LINE 給我，我對這一點也是忍無可忍，一再地對他表達，「你每天傳個貼圖給我也可以啊」，但是他就不。因為我的職業有一定的危險，我說，「我一個人死在這座城市裡你都不會知道」，但他仍然不會和我聯繫，不管多長時間。除非是我忍不住了，主動去和他聯絡。

當然也會有例外，那就是我生日的時候，他會傳一個問候過來。除此以外，我們之間沒有其他任何的節日祝福。

雖然我可以一直主動和他聯絡，但是這麼多年都是如此，心裡的感覺還是很不舒服。

他不僅這樣對我，也這樣對待我們的孩子，孩子去住校、旅遊，他也從來不會和孩子聯絡。

（4）

今天在網路上看到這麼一段話：

「如果一起生活的人沒法與自己談天說地，推心置腹，婚姻不過是彼此孤獨的見證者。」

　　在他那裡，有很多時候我感覺自己在被拋棄，他用線上遊戲，一次又一次地把我拋棄。所以，我一直在這裡打字，只是希望一個孤獨的靈魂，有一天可以被一個人看見，被理解，那麼這個孤獨的靈魂在這個世上就可以在別人的心靈世界裡得到安放。所以，自我始終是具有他性的一種存在，這也是一個鐵定的事實，而且，我相信我最終可以被看見和被理解。而在他身上，連這樣的幻象和幻想都不可能存在，在他內心世界的建構裡，又是何其的荒蕪？所以他到那個虛擬的世界裡去尋找他的存在感，而且一定就是這麼多年，把我和孩子拋棄在這現實的世界裡孤獨地遊走。有時候我們也會努力地試圖把他的視線從那個世界拉出來片刻，讓他看看我們是多麼需要他的陪伴。

　　自從他失業以後，他就沒有一個朋友。以前的同事和同學，他都迴避和他們交往，有時候人家請他一起吃飯什麼的，他都是拒絕。他對我說，現在我們社會地位不一樣了，經濟基礎也不一樣了，沒有必要再混在一起了。

　　他的手機上，只有幾個電話號碼，那是他家裡姐妹的電話號碼、我和女兒的電話號碼，除此之外，沒有其他人的電話號碼。LINE上要好一些，多了幾個人而已。他FB相簿裡只有3張照片。

　　無論在生活中遇到任何的事情，他都不會去求人的。求人這樣的事情，可能意味著自我價值感的低下吧？還可能是因為內心有一個信念，不會有人真心想幫助我的。

　　有時候迫不得已，他要去問一下路，但是他回家以後總結了自己問路的經驗後說，「我發現那些人總是給我亂指路」。我和女兒聽了都很奇怪，因為我們也時常要問路，但是我們沒有感覺到有人在整我們。

　　我們夫妻是同時沒工作的，離職以後，我曾經嘗試過做許多經營，

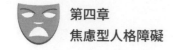
每一次我去嘗試，他都是反對的，他覺得我做不成功。但我不聽他的，在我開店的前期階段，他根本不會來幫助我，他寧願在家裡玩遊戲，讓我一個人在店裡忙著各種煩人的事務。直到門市開起來，經營走上正軌以後，他才會參與進來，做著顧店之類的事情。當然他顧店是非常認真的，每天早上9點開門，一定要顧到每天晚上9點關門，這一點要表揚他。

我們失業的時候，孩子還小。但是，我就奇怪為什麼每一次我要去做某個經營的時候，他都那麼堅決地反對，如果按照他的邏輯去生活，我們一家三口早就餓死了。

他們家姐妹多，但是姐妹之間幾乎從來不串門，彷彿認定了自己是不會被歡迎的一樣。

在早些年的時候，每次我們一家三口半夜開車去他父母家，到達的時間一般是早上的4點多或5點多，他一定要我們三個人在很臭的臥鋪車上繼續睡覺，等到天亮以後才回家。他說不要那麼早回家，影響到父母的休息。

但每次我們一家三口從他的家鄉回我父母的家，即便到達時是在半夜，我也會叫車回去，因為長達半年或一年的分離，這樣的相聚時刻，怎麼可能等待幾個小時呢？每一次見到我父母，他們都非常高興，他們會去計較自己在半夜裡被我吵醒嗎？我相信不會的。但是他心中沒有這種信心。其實每次我們一家三口回去，他父母都很高興，但是，他內在有一個念頭在運作，這讓他看不到真相。

他和他父母姐妹的關係如同客人，至少在表面上是如此。相敬如賓這個成語，我只在他們家的人際關係上看到了。

在我們家，每個人對對方有什麼意見、不滿、關愛和溫情，我們都

會暢快地表達。而在他們家，涉及情感上的表達，都是那麼的內斂、含蓄和細微。

我知道我老公的感情世界很豐富、很細膩，照顧人非常體貼入微。其實他們一家人都很相似，他們對待彼此也有著很濃烈的親情，但是，這些從來不可以在語言上得到呈現。雖然透過行動去表達當然也很感人，可是，我總是覺得缺少了一點什麼。

我們生活在一起的時候，他都是無微不至地照顧著我和女兒的生活的，但是，因為他缺乏和我們的交流溝通，他自己的感受很少對我們提到，所以我們很難知道他在想什麼。這樣缺乏互動讓我們覺得我們離他很遙遠。雖然在一個屋簷下，但是我們感到和他連結很少，甚至有時候沒有連結。

所以，我們有時候會調皮地在他正在看的電視螢幕前晃悠，希望可以把他的注意力收回到我們身上一點點，還有時候是去他玩遊戲的電腦前問這問那，希望他不要沉浸在自己的世界裡。

他自己是一個清心寡欲的人，沒有什麼是他想吃的，想穿的，想玩的，或者想要的。所以，他的衣服大部分都是我和女兒買給他的，其他方面的需求，也是我們根據情況來照顧他。

▌對迴避型人格障礙的解讀與調適▌

（1）

他兄弟姐妹眾多，父母的關係又不太好，時常吵架和打架，他雖然排行老二，是家裡的第一個男孩子，但是，他的媽媽卻不記得他的生日。

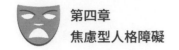
他的爸爸是一個性情暴躁的男人，需要家人對他的服從，一旦他們無法按照他的意志去做的時候，他的拳頭就要揮出來，爸爸時常暴打他的媽媽，也時常暴打他們兄弟姐妹。

他爸爸暴打他的時候，媽媽在旁邊，一般情況下是無動於衷的，甚至有時候，媽媽會和爸爸一起暴打他。

他的媽媽很少對孩子笑，也很少擁抱孩子，媽媽永遠在忙碌，那麼多個孩子，那麼多頭豬需要餵養，還有那麼多的手工活需要做，媽媽不可能把注意力放在孩子身上。幼年的他，在外遭遇挫折的時候，回到家裡可以撲到媽媽懷裡，去撒一下嬌嗎？很顯然，面對這樣一個缺乏溫度的媽媽，他只能把自己的情緒全部隱藏起來，甚至在某些時候，他還得去安撫那個始終僵著臉的媽媽。

這樣的孩子，已經在內在裡形成了「我不重要，我是沒有價值的，我不可愛，沒有人會真正來關心我的想法和情緒，所以，我毋須表露，因為表露了沒有人回應更羞恥」等核心信念。

（2）

在李小龍老師的一個講座中，我記下了這麼一段話，他這段話原本是關於自閉症孩子的心理來源。但是，我覺得用來解釋迴避型人格障礙症（avoidant personality disorder, AvPD）患者的人格來源也是可以的，他是這麼說的：

我們可以參考蘇利文（Harry Stack Sullivan）的這段話，他曾經說過：我們想像一下一個嬰兒，他一開始哭，肚子餓的時候 ——

最好的方式是，他一開始哭，媽媽就餵奶給他。

第二種情況是，他要哭上一會兒，母親才餵奶，這個時候，他需要

承受一些挫折和焦慮。但是媽媽餵奶之後，那個挫折和焦慮還是能夠被消化掉和整合掉，也不至於傷害到他的人格內核。

第三種情況，孩子一直在哭，媽媽就是不餵奶，當然，也不一定就局限在餵奶的事情上，只是在這件事情上，包含著滿足和挫折的模型。每當孩子需要時，他哭，而媽媽持續地沒有回應，孩子哭到一定程度上就不哭了。

蘇利文解釋說，孩子一開始哭的時候，是希望媽媽能夠給予他滿足，這個時候他的自我對外界是充滿期待的，在前兩種情況下，孩子能夠得到滿足，自我就能夠保持一個相對完整的結構；但在第三種情況下，外界對他的要求持續地沒有回應，為什麼孩子變得不哭了？是因為那個時候，孩子本能地知道，我不能再期望什麼，我再期望下去的話，我的自我就會崩解，最終會瓦解。這個崩解就好像是我愛上一個人，這個人突然說不愛我了，我們一下子就覺得這個世界崩潰了，其實不是世界崩潰了，是你內心崩潰了，所以你看到的世界是崩潰的。那個孩子為了避免這種持續的期待、持續的失望、沮喪，為了避免陷入絕望，那個最原始的自我崩潰，他會「回撤」。「回撤」就是折斷對外部的期望，本能地隔斷和外界連繫的衝動，他再也不去期待任何東西。

就像一個談戀愛失敗的人，失戀以後再也不想談戀愛了。如果他持續地隔斷和外界的連繫的話，他所要做的事情，就是保持自己那個與生俱來的自我最基本的內核，不至於完全崩解。但他也不能完全去擴展，他不能再對外界能夠給予自己愛和關心保存著希望。失戀給他的教訓是，只要他有希望，他就會受傷。

在佛洛伊德的概念裡，有一個名詞叫做嬰兒精神官能症或者兒童精神官能症，這個概念的含義就是，最開始的關係模式裡我們受到的挫

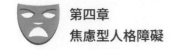

折，會被無意識的記憶所保存，然後應用到今後的類似情境之中。

迴避型人格就是這樣的，如果有一個對嬰兒沒有熱情的媽媽，那麼嬰兒會本能地認為，這個世界將不會有人來無條件地愛自己。

嬰兒的哭聲裡，包含著無數的需求。比如下體被屎尿糊著難受了；比如我無聊了，需要媽媽溫柔的聲音來陪伴著我、逗我玩；比如我遇到驚嚇的聲音，需要媽媽立刻出現來安慰我等等。最關鍵的，其實還不是這些需求本身被滿足，而是透過被滿足的過程，嬰兒知道了，自己是有人關注的，有人給予了情感的付出的。通俗地說，就是有人在愛著我的。這樣的感覺，才是一個嬰兒的心理能夠健康地「存活」下來的前提。

但是，媽媽對於嬰兒所發出的這些信號是冷漠的，她對自己的嬰兒沒有什麼興趣。她當然不至於餓死嬰兒，但她總是不能在嬰兒最需要她的時候出現。

媽媽為什麼不能愛自己的孩子呢？因為婚姻的不幸福，因為得不到丈夫的尊重和理解，又或許是得不到婆家的愛和承認，因為經濟太過於困頓，因為孩子本身就是不幸婚姻的產物，是把媽媽困在不幸婚姻裡的枷鎖。也許在母親的潛意識裡，還埋藏著對孩子的恨和冷漠，那麼，忽略孩子的感受，忽略孩子的需要，忽略孩子的情感，就是常見的事情了。

還有，大部分的迴避型人格障礙症患者的媽媽，其實也是一個迴避型人格障礙症患者。她們內在感受到的是來自母親的忽略和忽視的原型，沒有裝著溫柔慈愛的母親的原型，所以她們在對待孩子的態度上，重現了她們的媽媽對待她們的關係模式。

其實，嬰兒的感知是非常豐富的，他只是沒有語言可以表達，但幼小的他就已經能夠知曉，在這個世界上沒有人喜歡我，沒有人愛我，沒

有人在乎。我不是媽媽的什麼，因為在她那裡，我就什麼都不是，我只是她被迫無奈，因為沒有避孕措施而產生出來的一個生命。那麼，在未來的世界上，我又能是什麼呢？她是我的來源，連我的來源都不認可和接納、喜歡我這個生命，欣賞我的獨特性，我還能在哪裡得到認可，喜愛和接納呢？那我就放棄了吧！

一個不喜歡自己的人，怎麼可能去喜歡別人呢？一個對自己都不感興趣的人，又怎麼能去對別人和這個世界感興趣呢？這個孩子躲在了這個世界的邊緣，看著這個世界裡流淌著溫暖的情愫，他想要，他其實比任何人都需要，但他把自己包裹起來，遠遠地看著這一切。

精神分析是沒有必要回到過去的，你過去的種種，都在當下活生生地呈現著呢！

迴避型人格一般沒有朋友，因為他們的內在不相信有人會無條件地接納自己，喜歡自己，和人打交道會消耗他們過多的防禦機制，很累很累。

面對熱鬧的人群，他們也只是默默地躲避在角落，說話很少，因為他們不相信自己說的話會有人聽，會有人在乎。他們很少給別人提出建議，哪怕是至親，因為在早期，他們發出的很多信號都是無用的，這樣的經歷導致了他們不願意再發出信號。所以他們放棄了用語言把自己的內心傳遞出去的欲望。

（3）

很多人都很奇怪，在那麼小的嬰兒時期發生的互動模式，怎麼可能決定得了眼前的這個人成年後的大部分心理呢？

在年齡太過幼小的嬰兒那裡，大腦皮質的分化能力非常差，帶有創

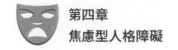
傷性質的事件的影響力，都有可能對這個孩子造成很難挽回的影響。

還有，和母親的互動方式是在我們最開始接觸這個世界的時候，在很長的時間之內，反覆地和媽媽互動之後產生的一個被模式化的東西。

因為和母親的互動，我們形成了對這個世界上的其他人的假設和預期。因為和母親的互動時間太久，所以我們潛意識裡會認為其他人都會像母親那樣來對待自己。然後形成一種關於人和人相處的固定模式或者叫核心信念，或者叫獨特的經驗組織原則。

母親對孩子是嘲諷和譏笑的，孩子就會對別人的嘲諷和譏笑有著難以抵禦的敏感和防禦；母親對孩子是沒有熱情的，孩子對於別人不愛自己的證據，就會特別地敏感；母親是不在乎孩子的，孩子就覺得，滿世界的人都不會愛自己。成年人都是成長起來的孩子，因為他在孩子時期在這個點上受過創傷，他其實是停滯在產生這個創傷點的那個心理年齡了，他是一個「巨嬰」，別看他一把年紀了，但他的心理無法往前發展了。

有一句話是這樣說的：「很多事情都已經改變，唯有心還停留在過去。」在這句話裡，充滿著我們的條件反射的泛化和精神官能症性的防禦。我們總是因為害怕受到同樣的創傷，所以在類似的事情上，就總是提前和過度地防禦，以避免再次受傷。這樣做的目的是保護自己，但在這樣的防禦之後，我們對這個世界就不會有新的經驗，我們戴著一副有色眼鏡去看待這個世界，還以為這個世界本來就是這個樣子的。

思覺失調症患者的根本創傷，一般發生在出生半年到一年；人格障礙症患者的創傷，一般發生在 3 歲以前；精神官能症患者的創傷，一般發生在 3 歲以後。遭遇到來自養育者的創傷的年齡越小，容易罹患的精神疾病越嚴重，在以後，當遇到社會事件的刺激時，曾經的創傷就會被

所遭遇的社會事件啟動，產生相應的精神疾病。

面對同樣的社會事件，在童年期沒有遭遇創傷的孩子，不一定就會罹患那樣的精神疾病；而遭遇過來自母親的創傷的孩子，心理脆弱得多，一旦遇到緊迫事件，就很容易產生心理疾病。

溫尼科特提出，對於一個孩子的人格形成來說，影響力最大的，似乎不是粗暴虐待或嚴重剝奪，而是母親對於幼兒需求的應答敏感性。關鍵的不是餵養本身，而是是否在餵養的過程中時刻傳遞著愛的情緒；不是單純地對幼兒需求的滿足，而是母親對於幼兒的獨特氣質所做的獨特反應。

那麼，一個對孩子沒有多少興趣的母親，怎麼可能做到這一點呢？她即便是在懷抱著孩子的時候，心思也是在別處，或者是在想還有什麼替別人加工的差事沒做完，或者是沉浸在因為丈夫對自己的粗暴和不體諒而產生的對丈夫的怨恨情緒裡，或者是婆家對自己沒有愛，而使她甚至怨恨為婆家所生的這個孩子，她甚至會透過報復和虐待這個孩子，來完成對婆家的報復。她完全「看不到」眼前的孩子，眼前的孩子或許就是她的累贅，或許只是一個無奈的產物，而不是一個可愛的、活生生的生命。

幼小的嬰兒，也能夠從母親那裡知曉這一切，而且這樣的知曉能力，遠遠比一個成人敏感和正確，因為母親對嬰兒的態度，涉及嬰兒的生死存亡問題。在最年幼的嬰兒那裡，第一個敏感的能力，就是判斷母親對自己的接納程度。這是克萊因理論中的死亡本能的第一個時期，這個時期，母親對嬰兒的態度至關重要。

那麼，覺察到母親對自己冷漠的嬰兒，又會怎麼樣呢？因為母親再三地錯過嬰兒的表情，再三地錯過嬰兒表達需求的哭聲，嬰兒於是知道

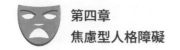

這個世界是冷漠的，沒有人會在乎他的需求。日後就成為一個神經質地抑制自己欲望的成人，他無法向對方或者配偶提出自己的需求，他無法向這個世界表達他的需求，因為他有一個假設是這樣的：我如果表達了，而不能得到對方的回應，那將是可怕的。他們甚至很少直接叫配偶的名字，更談不上把自己的需求和配偶分享。

在溫尼科特看來，成年人的愛是需要相互利用的，雙方能遵從自己欲望的節奏和強度，而毋須擔心對方能否承受。正是對方承受力的堅固、可靠，使得另一方與自身激情建立充分而熱情的連繫成為可能。

可以簡單地表達成：我是可以對你提要求的，因為我相信你是會在乎我的要求，滿足我的要求的。

在人際關係中，這樣一種簡單的互動模式，在迴避型人格障礙症患者那裡卻是缺失的，他們失去了對他人提要求的能力，他們抑制自己的需求，彷彿一個非常清高的、無欲的人。他們對於食慾和性慾的需求水準，都比平常人更低。

但是，當親人忽視他們偶爾說出來的話或表達的意圖的時候，他們對那個人的恨和冷漠的處理，卻是非常殘忍的。他們會很長時間不理睬那個人，以此來表達他們對於被忽視的痛苦和憤怒。

他們時常顯得清心寡欲，是因為他們本能地知道，所有的欲望都是虛無縹緲的東西，索取是一種罪，因為得不到的痛苦會掩埋掉自己殘存的尊嚴。所以，他們從很小就學會了抑制自己的欲望。

性慾，更是一種關係的象徵，對於迴避型人格障礙症患者來說，我在關係裡感到滿足的時候，我是有和你身體連接的慾望的；如果我感覺到我對你來說不重要，或者被你忽視的時候，那麼，我是不願意和你發生性關係的，不管冷戰多長時間，我都沒有這樣的興致。因為你對我的

忽視，喚起了我最原始的創傷，那是一次次和死神擦肩而過的經歷，我寧可離你的身體遠一點，我也不願意再次體驗被人忽視的痛苦。

但是，因為他們內在有那麼多被忽視的點，所以，他們在親密關係裡很容易看到對方對他的忽視，從而忽略對方很多非常在乎他的點。

當對方忽略他的需要和想法的時候，他們會很快回到嬰兒時期那種絕望的感受中，他們的感情開始「回撤」，他們開始無時間限制地和對方冷戰，彷彿在說一句話：你看不到我的存在，那麼，你也死定了。怎麼個死法呢？就是和配偶翻臉、變臉或冷戰，既然你否定我的意志，看不到我的存在，那你不要和我有關係，我也不想知道你的一切。在我們共同的生活中，我就當你不存在。

來自正常家庭的孩子，遇到這樣的迴避型人格障礙配偶之後，就會發現，自己在婚姻中的感受非常糟糕，他被對方的冷漠殺死了。這裡的「死」都是一種象徵意義上的死，在同一個屋簷下，對方不和你說話，不理睬你，當你不存在，你至少在他的心目中，是一個死去的人。當你不存在，那樣的手法猶如當年迴避型人格障礙症患者的媽媽當他不存在那樣。

所以，一個正常家庭的孩子和一個迴避型人格障礙症患者的婚姻，總是充滿了無數的暗礁，隨時都可能讓他們的婚姻之船觸礁。

因此，我高度懷疑迴避型人格障礙症患者是否也等於被動攻擊型人格障礙的人。因為他們心上有著一個巨大的創口，所以他們其實根本無法看到別人的存在，他們看到的只是自己的傷口又被撕開了，他們不敢主動地攻擊對方，但是會長時間地不理睬對方，來達到懲罰對方的目的。

這就是迴避型人格障礙症患者在婚姻中經常使用的手法——冷戰，

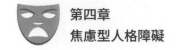
他們的冷戰，其實不只是用來對付愛人，也用來對付孩子和其他不尊重他們意志的人。他們會收回他們平日裡對家人的關愛，代之以冷漠。

在上述解析的基礎上，讓我們一起走進迴避型人格者的內心世界吧！

（1）

我們知道，大部分的人格特質，都有從健康的這一端到不健康的那一端的一個漸進性區域。

具有迴避傾向的這樣一類人，他們看起來溫順、安靜、羞澀、孤獨、克己，很符合中國人對於理想人性的宣導裡「溫良恭儉讓」的品行，同時也還符合中國人對於人的「慎獨」境界的追求。在他們的生活還比較如意的狀況下，他們是人們眼中的好男人或者好女人，人們一般容易對這樣的人產生好感，願意成為他們的朋友。

在公司，他們通常是主管喜歡的那種員工，做事踏實，不驕不躁，不喜歡參與到是非之中。只是在把重要任務交給他們的時候，他們會因為害怕失敗而藉口推託。

他們如果生活得順利的話，也會有少數的朋友。但是，因為他們早就把自己的心關閉了，所以和朋友之間似乎總是隔著一點什麼似的，朋友很難走進他的內心，他對於去探索別人的內心世界似乎也缺乏相應的興趣。

在他們情竇初開的時候，他們也會把心靈向一個他們覺得穩妥的對象敞開。只是，在戀人成為他們的配偶之後，因為他們自身心理上的問題，他們的婚姻關係的維持總是會遇到很大的困難。

事實上，在他們的內心，並不是不渴望愛和友情，但他們是躲在殼裡的人，殼底下，包裹著的是一顆無比脆弱的心，類似於一顆幾乎完全

裸露，沒有任何包覆的心。別人隨意的一句話、一個眼神，都可能讓他們受到致命的傷害，這樣的事實阻隔了他們嚮往新的友情或者新的愛情的機遇，或者因為自己的過度敏感，在婚姻中要麼讓自己傷痕累累，要麼讓配偶傷痕累累。

當這樣的人遇到人生中的挫折的時候，他們性格中難以相處的一面就逐漸地顯露出來，但是，只是對他們最親密關係裡的人。在外人看來，他們是很普通的人之中的一員，雖然有時顯得難以接近、孤獨和孤僻，但總體說來，因為和人的距離遙遠，一般人依然難以發現他們的性格中有什麼難以相處的地方。只有他們的配偶才知道和他們相處時候的滋味是什麼樣的。

迴避型人格又叫逃避型人格，其最大特點是行為退縮、心理自卑，面對挑戰多採取迴避態度或無法應付。美國《精神疾病診斷與統計手冊》中對迴避型人格障礙的特徵定義為：

一種社交抑制、自感能力不足和對負性評價極其敏感的普遍模式；起始不晚於成年早期，存在於各種背景下。表現為下列症狀中的 4 項（或更多）：

✎ 因為害怕批評、否定或排斥而迴避涉及人際接觸較多的職業。

✎ 不願意與人打交道，除非確定能被喜歡。

✎ 因為害羞或怕被嘲笑而在親密關係中表現拘謹。

✎ 具有在社交場合被批評或被拒絕的先入為主觀念。

✎ 因為能力不足感而在新的人際關係情況下受抑制。

✎ 認為自己在社交方面笨拙、缺乏個人吸引力或低人一等。

✎ 因為可能令人困窘，非常不情願冒個人風險參加任何新的活動。

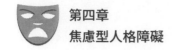
在日常生活中，如果你身邊的人有下面的這些表現，可以為你發現一個具有迴避型人格傾向的人提供一些線索：

✎ 沉迷於線上遊戲或其他遊戲，對實際生活中的人和事情並不熱心。

✎ 在婚姻生活中缺乏溝通，一旦惹他不開心了，就會持續地冷戰，並且對冷戰樂此不疲。

✎ 跟他說到任何準備去做的事情時，他大腦裡的第一個概念就是「不行」，那一定會失敗，並且會找出種種理由來說明可能會遇到的困難。

✎ 他們的情感非常脆弱，對於別人對他們的態度過度地敏感，他們難以承受別人的負面評判。他們看似非常清高，離群索居，實際上是因為害怕別人會對他們造成傷害，那似乎會瓦解他們脆弱的自尊系統。

✎ 在實際生活中，他們默默無聞，從來不喜歡表現自己，也不願意引起別人的注意，他們的社群平臺上，幾乎鮮有屬於自己的個人性的東西，比如自己去某個地方旅遊的照片或者其他普通人願意去和別人分享的經歷。

✎ 他們對美食沒有多大的興趣，通常不會是個吃貨類型的人物。其實，說到這一點，同時也可以說，他們對性的慾望同樣如此。在生活中，他們對於慾望的等待程度和延遲滿足的時間，遠遠超過一般的人。男人有可能成為婚後的「柳下惠」，女人有可能成為婚後的「小尼姑」。能夠堅持很長時間的冷戰的原因，也恰恰在於此，因為他們可以把生理上的需求降到最低。

✎ 他們和母親的關係通常不好，和父親的關係也存在著很大的問題。有的只是文化上的關係，甚至看起來比一般的人對父母更加孝順，但是，他們和父母之間沒有實質性的情感上的愛和親密關係。

✎ 他們的手機上一般只有至親和少數幾個人的電話號碼，他們的朋友很少，也不想和太多的人有聯絡。

（2）

具有迴避型人格的人，具有以下的特點：

◆ 認知上的歪曲

我不行。哪怕這樣的人其實是很聰明，很有能力的人，他們有可能在別人的領導下做出非常認真細緻的工作，但他們很難想像自己可以獨立去做成一件事情。因為在他們的認知中，總是有一句話在說，「我不行」。接下來就是找出各種不利因素，來證明那件事情無論如何都不會成功。

這樣的人適合在一種很穩定的工作和生活狀態之中。一旦生活起了什麼變化，工作丟了，飯碗沒了，他們很難東山再起。他們要麼沮喪、頹廢，要麼沉迷於遊戲。

他們對於別人的話語異常敏感，尤其是批評他們的話語，他們是無法接受的。因為他們的內核裡本來就有一個他們無法面對的「我不行」的核心概念，那麼，任何批評和指責，都可能把他們拉到「我不行」這樣一個事實面前，從而帶給他們很大的痛苦。

◆ 情感上的歪曲

沒有人會愛我，沒有人會關心我、在乎我。所以，他們在日常生活中，一般都默默無聞，不表現自己，也不試圖展現自己的才能或者個性。這樣的性格會讓人覺得有一種謎一般的吸引力，對他們產生很沉穩，很踏實的印象。不誇誇其談，也不做作。其實，這樣的人心底是有一種假設的：就算我表現了，也不會有人注意到我，如果我表現了，而

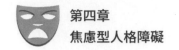
沒被人注意到,那是多麼尷尬和羞恥啊。這裡又喚起了嬰幼兒時期不被
關注的那個原始創傷。

◆ 意志上的薄弱

一折就斷,太容易吸取失敗的經驗教訓。這使他們顯得缺乏意志力,
其實這和不相信自己能夠做成什麼事情,是一脈相承的,是有因果關聯的。

迴避型人格者的媽媽,在孩子成長的早期沒有給孩子充足的自我全
能感,因為媽媽的情感很脆弱,隨時都處於自我修復的過程中,所以無
暇顧及孩子的需求。孩子一方面覺得自己不重要,另外一方面,對於自
己可以去征服這個世界的信心就喪失了。

比如:孩子哭鬧的時候,媽媽很長時間都不去陪伴孩子,都不及時
去滿足孩子的需求,不管孩子是餓了還是不舒適了。這樣反覆的互動之
後,孩子就會覺得,這個世界很殘忍,我要什麼都注定不會得到,所以
我就放棄吧!

他的個人意志在征服媽媽那裡就是失敗的,他對於征服其他對象就
喪失了信心。所以,一個孩子需要一個具有原初母愛、灌注能量的媽
媽,是一件多麼重要的事情。

◆ 行為上的退縮

在人際關係中的退縮、迴避以及在夫妻關係中的退縮和迴避,具體
表現為無期限的冷戰。

（3）

在他們的嬰兒時期,他們透過不斷地啼哭,希望媽媽知道自己餓
了,自己拉便便了,自己無聊了,希望媽媽可以關注自己的需求,媽媽

或許是會來的。但是媽媽的服務裡缺乏愛的灌注，最後嬰兒敏感地意識到，媽媽對自己需要的回應裡，有一種叫冷漠的東西，而這種東西對於一個嬰兒來說，是一種有毒的東西。所以，這個嬰兒從此關閉向他人表達需要的大門，因為在他心中，一旦發出需要的請求，得到的都是傷害。

沒有一個配偶可以完全地滿足這個巨大的「嬰兒」，所以他在婚姻裡是肯定會受傷的。如果另一方是一個大大咧咧的配偶，他更是感覺婚姻生活如坐針氈。

對方如果沒有覺察到他的意圖或者是委屈了他，冤枉了他，都會勾起他的原始創傷，他會覺得對方是不是無視自己的存在，是不是想摧毀自己。這裡面有自戀受損之後的暴怒，也有在心底裡需要釋放的恨意，而這種恨意，他認為也可能會摧毀對方。所以，每當對對方有恨意的時候，他寧可選擇轉身離去，或者長時間冷戰。

在他們嬰兒時期，當媽媽一再忽略孩子的需求時，孩子就不會再對媽媽表達自己的需求，但在內心裡隱藏了對這個世界深深的恨意和自己不被他人「看見」的痛楚。

這樣的孩子在長大以後，終生都需要身邊的人「看見」他的意志，一旦別人忽略他的意志，如果說普通人的憤怒反應是 3 分，他的憤怒反應則是 9 分。但是，他無法透過語言來表達自己被忽略的痛楚，那麼，不和你說話，不和你親熱，對你的事情不管不問，是他們無奈的選擇。因為他們的情緒需要一個出口，而這個情緒緩解的時間，要比一般人的更長。

當他們這麼做的時候，配偶會感到自己被拋棄了，臨床上發現，迴避型人格障礙症患者通常傾向和邊緣型人格障礙症患者組合結婚。所以

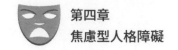
可以想一想，當邊緣型人格障礙症患者遇到迴避型人格障礙症患者，他們的婚姻狀況會是怎樣的？

或者說，一個人原本只是自戀型人格的，但是遇到一個迴避型人格障礙的配偶，就可能被逼到懸崖的邊緣上。

迴避型人格障礙症患者並非天生就願意這麼傷害人，每一個迴避型人格障礙症患者的成長背後，都有一段普通人難以想像的情感上被虐待的經歷。所以，他是怎麼對待配偶的，其實是他媽媽曾經怎樣對待過他的再現。

因為一個人很難重新建構一種新的人際互動模式，更何況那是在人格形成的關鍵期和敏感期，日復一日、反覆互動的結果。

所以，什麼叫做「冰凍三尺，非一日之寒」？什麼叫做「江山易改本性難移」？這些話都是用來說人格的。

迴避型人格傾向的孩子在長大以後，一般情況下，是不會向周圍的人表達自己的需求的，哪怕在親密關係裡，他們也不會。他們更希望對方是自己肚子裡的蛔蟲，知道自己想要什麼。如果透過語言直接向他人呈現自己內心的需求，那又是一種他們無法承受之重。

（4）

以前，我經常看相親節目，經常發現裡面的男女嘉賓會問對方：「如果我們之間發生矛盾或爭執，你要如何處理？」或者直接就問：「你怎麼看待冷戰？以及出現冷戰之後，你要怎麼去應對？」

這其實是一個非常好的話題，透過這個話題，可以測試出一個人對另一個人的情感上是否具有迴避性質的冷暴力傾向，同時也可以看出這個人人格上的特質。只是我覺得，在這樣的話題裡，不一定能夠得出真

實的答案。但是，提出這樣問題的人，很可能在他的生活中曾經遭遇過這樣的冷暴力對待。從提出這個問題的頻率來看，也許迴避型人格障礙在我們生活中的比例，遠遠高於我們的想像。

在迴避型人格障礙症患者的心目中，有這樣一些角色配對：

第一個配對：

✎ 甲：一個被忽略的孩子。

✎ 乙：一個冷漠的、拒絕性的，很難給出安撫和安慰的媽媽。

第二個配對：

✎ 甲：一個被批評、指責的孩子。

✎ 乙：一個具有權威性質的、需要孩子來服從自己的父母形象。

第三個配對：

✎ 甲：一個不能做自己又很想做自己的孩子。

✎ 乙：一個隨時會暴打孩子，嚴厲地懲罰孩子的父母形象。

迴避型人格障礙症患者很少會到心理諮商室裡來，可能是因為他們內在的創傷比其他人格障礙還要大，所以他們對於和人進行連接早就失去了信心，對於自己的改變也喪失了信心。他們偶爾會出現在心理諮商室，那一般是因為他們在親密關係裡遇到很大的困難。但是，他們的脫落率很高。尤其是，如果他遇到一個具有攻擊性的治療師，他很可能在對方的並不那麼負面的看法裡感到自己即將被對方指責而倉皇逃走，再也不會去治療師那裡了。

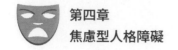
　　而且，大多數時候，他們不會覺得自己有問題。如果不是關係困難的話，本人一般還是覺得內心世界是和諧的。在這一點上，不像其他幾類的人格障礙症患者。他們寧可就這樣孤獨終老，清心寡欲地度過他們缺乏生命力的人生，也不會試圖去尋求心理諮商的幫助，讓自己活得更綻放一些。

　　如何調適？

　　迴避型人格障礙的人就好像一個缺乏心理能量的人，還能夠重新注入嗎？

◆ 充分地認識自己

　　迴避型人格障礙和其他人格障礙有一些不一樣的地方，他們是完全能夠勝任工作的，而且工作認真負責踏實，且不誇誇其談；也很會共情別人的感受，他們情感細膩脆弱，為人低調，能夠吸引別人喜歡上他們。他們有時候的冷戰，其實不是要拋棄對方，只是他們需要為自己的情緒找一個緩衝的時間和空間，而這個過程會比一般人要長一些。身邊的人可以給他這個時間和空間，讓他一個人舔舐好自己的傷口，他還是會充滿能量地回到關係之中的。

◆ 提高自己的自我價值感

　　這個可以說是任何心理疾病患者都需要做的一個工作，提高的途徑有直接去詢問他人對某件事情或者對自己的看法，培養自己在現實生活中的能力和技巧，打破「我什麼都做不了」的認知迷思。

◆ 擴大認知範圍

　　在感到別人對自己的負面評價的時候，以往的經驗是，他要全盤否定我了，在他眼裡，我什麼都不是，我只想從這個人眼前消失，從而避

免遭遇更大的災難，即自尊心的徹底破碎。當患者陷入到這樣的思維裡的時候，他彷彿沒有任何能力自救。擴大認知範圍的具體做法就是：他現在也許心情不好，所以說話帶有一定的攻擊性。但是我並非如同他所說的那樣糟糕，他只是否定我的某一個面向，並沒有否定我的全部。何況我自己對自己還有一定程度的了解，我不可能是他說的那麼糟糕，當他情緒平復的時候，大多數時候還是欣賞我的……

　　身邊人的理解很重要。配偶或者孩子如果能夠理解他內在的脆弱和無助，使他覺得和你生活在一起很安全，一種心理上的安全，沒有人指責他，嘲笑他，而是看重他；那麼，他是可以像正常人一樣生活和工作的。

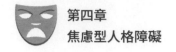
依賴型：忍無可忍、毋須再忍

林珂蘭，女，33 歲

她和他談戀愛的時候，他就喜歡把她拿來和前任對比，珂蘭知道，他的前任對他是真的好，準備一年重考之後，還是考到了他讀的這所大學來，繼續追求他，而且心甘情願地為他做很多事情。而這些，珂蘭都做不到，和他在一起，全部是他在照顧著她。

他一貫性地打壓她的自尊心，按理她會離開他，但是不，她更離不開他了。

珂蘭長得很有女人味，是那種如同古典詩詞一般溫婉柔美類型的女孩，所以他也捨不得離開她。

他們一起出去吃飯的時候，她會因為選擇哪一家餐廳而猶豫一兩個小時，他熟悉她這個性格，所以都是讓她先去選擇好，打電話給他之後，他再出來。

點菜的時候，她照樣會很猶豫，但是他會替她點，他點的菜有時候是她不喜歡吃的，但是她不會明說。她覺得，只要他喜歡就好。

而他也在猜測她會喜歡吃什麼，因為誤以為她喜歡吃糖醋味道的，所以，他點了很長時間的糖醋里脊以後才發現，她是裝出來在吃。她以

為他喜歡吃這道菜，所以一直不告訴他，自己不喜歡吃。而他其實也不喜歡吃這道菜。

她在她家附近的一所大學上學，媽媽還會隨時替她送做好的飯菜過來。申請大學的時候，珂蘭就充分地考慮到了這個因素，在她的想像裡，自己離開了父母要怎麼活呢？

在她小時候，媽媽把她送去幼稚園，她會哭上一整天，即便是媽媽在幼稚園裡整日陪伴著，她還是會因為擔心媽媽離開而號哭。最後不得已的情況下，媽媽只好花高價請了一個有幼稚園經驗的老師在家裡陪伴這個孩子。

她畢業以後，和男友結婚了。父母早就為她買了一間大房子。她父親是當地的一名政府官員，她家裡甚至還有一套小別墅。

結婚以後不久，珂蘭就感覺到了老公對自己的態度上有些許的變化。

他是一個來自鄉下的孩子，雖然經過自己的努力考上了名牌大學，在珂蘭父親的幫助下，找到了不錯的工作，但是，他骨子裡是自卑的。所以，他依然還是時常要打擊珂蘭，讓她知道，她在他面前什麼都不是。

珂蘭雖然在很多外部條件上都比老公好，但是她不敢在老公面前流露出任何驕傲的神色。別人問起他們的房子是誰買的時候，她都會說，這是我們夫妻和雙方的父母共同出資買的。

她在大多數事情上都要徵求老公的意見，起因大約來源於在戀愛期間，老公就對她的表現有諸多不滿，以至於到後來，老公即便什麼話都不說，珂蘭都條件反射地知道自己做哪些事情和說哪些話會惹老公不開心。儘管如此，在類似的事情上，她還是拿捏不準老公的態度，為了避免老公指責她，她會事無巨細地去請教老公。

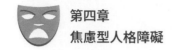

　　老公大約是感覺到自己娶了一個 5 歲的小女孩，不，只有 3 歲，所以越發的不耐煩。老公不耐煩的態度，讓珂蘭更加驚恐，她最大的擔憂就是老公不再愛她了。

　　雖然珂蘭人長得好看，身材也好，又是一個官二代，但是在珂蘭的內心，她總是感覺一旦別人深入接觸自己，就會發現自己身上那種捉摸不到的弱點。為了避免被別人看輕，所以她覺得依附著老公就好，換一個人的話，不知道那個人會怎麼看自己呢！

　　珂蘭最初是有上班的，但是在工作中，她處理不好很多事情，好多細節都會去問人，她似乎不敢一個人做決定，她很怕自己決定了之後犯錯。後來主管和同事知道她的性格特點以後，也不怎麼把事情交給她做了，珂蘭很敏感地意識到自己在公司裡的位置不重要了，就辭職回家了。

　　辭職回家後不久，珂蘭發現自己懷孕了。

　　懷孕期間，珂蘭發現了老公可能有外遇的痕跡，她去問老公，老公否認了，並找出許多理由來說明事實並非是珂蘭想像的那樣。珂蘭沒有進一步求證，因為她很害怕失去老公。

　　老公因為工作的關係，經常要出差。那時候，珂蘭一般都是回到自己父母家去居住。不管是否懷孕階段，她都認為自己缺乏把自己照顧好的能力，而父母和老公會很好地照顧她的生活。

　　老公出差的時候，她時常要打電話給老公，詢問老公的行程以及歸期。老公在這一點上做得不錯，每到一個地方，就發定位給她，告訴她自己的行蹤。

　　孩子出生以後，珂蘭把大部分的精力都用在了孩子身上，她和老公的性生活一度快要消失了。後來她感覺有點不對勁，才把精力從孩子身

上撤回來用在了老公身上，但是她發現，老公對於和她做愛已經毫無興致了。

後來她終於找到老公外遇的證據了，這一次老公沒有否認，反而勸她接受現狀。理由是，「妳看妳這麼長時間不出去工作，妳已經和這個社會脫節好長時間了，妳還能夠出去做什麼呢？妳的思想已經停滯好長時間了，妳還能跟得上誰的步伐？妳如果和我離婚，會影響到妳爸爸的聲譽對吧？還有，雖然你們家很有錢，但是妳沒有工作，我有工作，現在收入也不低，如果離婚，我還會堅持要這個孩子的撫養權的，妳確定要離婚嗎？」

聽了老公的話，珂蘭猶豫了，她後來去請示自己的媽媽，媽媽的想法居然和珂蘭的老公一樣，勸她維持現狀，只要老公不要太出格就好了。

珂蘭是那種有精神潔癖的女人，她感到自己沒有辦法接受老公的出軌，但是，老公的話讓她十分猶豫。離，還是不離，她猶豫了一兩年都沒有結果。

老公有對她很照顧和溫柔體貼的一面，她離不開老公的這個部分。但是，老公更多的是無視她的那面，她對這個部分已經到了一種忍無可忍的地步了。

但是，讓孩子成為一個單親家庭的孩子，是她非常在意的地方。想到以後孩子要麼只能和媽媽生活在一起，要麼只能和爸爸生活在一起，孩子的人生終歸會有一個缺憾，她就覺得自己是一個罪人，一個彌補不了孩子的缺失的罪人。

但是，老公的心已經出去了一大半了，留在她和孩子身上的已經不多了，這樣的婚姻維持下去還有意思嗎？

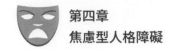
偶爾老公晚上不回家的時候，雖然有孩子和保母，她還是會去聯絡老公，催促他回家。醉醺醺回家的老公，一腔怒氣無處發洩，對珂蘭揮舞起了拳頭……

一段時間以後，珂蘭憂鬱症發作了。最開始是焦慮症，她整夜整夜地失眠，後來，她開始憂鬱……

對依賴型人格障礙的解讀與調適

在心理諮商室裡，珂蘭總是無助地望著我，希望我告訴她怎麼辦就好。望著她茫然的表情，我差點就要認同她投射過來的孩子般的依賴性了，所以我及時調整了自己的助人情結。

她並非一個沒有感覺的人，但是在面對錯綜複雜的線索的時候，她會被每一條線索給帶走，這樣她就無法做出一個判斷，自己是應該這樣選擇，還是應該那樣選擇？因為每一個選擇都伴隨著失去，所以她在猶豫不定中把自己迷失了……

她媽媽因為在年輕時候發現老公外遇，而且對這個外遇也是同樣的手足無措，最終只能接受這個現實，並且在珂蘭人格形成的最關鍵那幾年持續反覆地憂鬱症發作。所以，珂蘭對於媽媽對待自己態度上的改變應該是很敏感的。

她媽媽抓不住自己的老公，就拚命地試圖抓住女兒，在憂鬱症發作的間歇期，媽媽對女兒的控制性是非常強的，媽媽把珂蘭的生活照顧得很仔細。珂蘭有時候如果對於做某件事情感興趣的話，媽媽會對珂蘭強調她一個人去做那件事情的風險，比如失敗，比如媽媽可能會不開心。

媽媽對於珂蘭的獨立似乎有些擔心，珂蘭也認同了媽媽傳遞給她的這種擔心，從而對於自己一個人做選擇和決定感到惶恐。

　　長大以後，她要隨時去觀察老公的態度，看老公的態度來決定自己今天該穿什麼顏色或者款式的衣服，或者今天該做什麼事情。

　　她傳遞給她老公一個訊息，她是不重要的，所以最後她老公被她「教會」了一個東西，就是她的確是不重要的。所以，她老公出軌了，嫌棄她了，拋棄她了，並且在出軌以後還可以振振有詞地勸她接受他的出軌。

　　這彷彿是一個強迫性重複，她在她媽媽憂鬱症發作期間的感覺，被她帶到她婚姻的戲裡重新上演一遍。

　　依賴型人格障礙（dependent personality disorder, DPD）是一種過度需要他人照顧以至於產生順從或依附行為並害怕分離的普遍心理行為模式；始於成年早期，存在於各種背景之下，表現為下列症狀中的 5 項（或更多）：

✎ 如果沒有他人大量的建議和保證，便難以做出日常決定。

✎ 需要他人為其大多數生活領域承擔責任。

✎ 因為害怕失去支持或贊同而難以表示不同意見（注：不包括對報復的現實的擔心）。

✎ 難以自己開始一些項目或做一些事情（因為對自己的判斷或能力缺乏信心，而不是缺乏動機或精力）。

✎ 為了獲得他人的培養或支持而過度努力，甚至甘願做一些令人不愉快的事情。

✎ 因為過於害怕無法自我照顧而在獨處時感到不舒服或無助。

✎ 在一段密切的人際關係結束時，迫切尋求另一段關係作為支持和照顧的來源。

✎ 害怕只剩自己照顧自己的不現實的先入為主觀念。

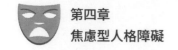
　　依賴型人格障礙很少作為一種單獨的症狀出現，大多數是在被發現罹患憂鬱症、焦慮症、強迫症或者其他人格障礙出現的時候的併發症狀。

　　依賴型人格障礙症患者，好像是一個成年人的外形，與一個沒有長大並且抵抗長大的小孩子的內心的奇特組合。

　　現代家庭裡的一些「啃老族」，什麼事情都依賴著父母的那一群人，其中的依賴型人格障礙症患者比例也不低。

　　從現代精神分析的角度去看，依賴型人格障礙和好幾種人格障礙，其實都可以劃歸到自戀型人格障礙的範疇下。依賴型人格障礙也是一種很典型的自體障礙。

　　什麼是自體障礙呢？我說簡單一點就是，一個人在心中對於自己是一個什麼樣的人的自體意象並不是很清晰，這種不清晰會讓他體驗到自體虛弱，為了規避這種虛弱感，他會去向環境索取自體感。

　　如果環境是接納他的，肯定他的，讚賞他的，那麼，他的自體感會得到極大的增強，他會覺得自己是有價值的，有力量的，有愛心的⋯⋯

　　如果環境是不接納他的，貶低他的，懷疑他的，斥責他的，那麼，他會覺得自己毫無價值，他的自體感會暗淡無光，嚴重的時候甚至會想殺死這個「無用的東西」。那種討好型的人多半都可以劃歸到這個譜系之中，只是程度的差異而已。

　　其實，每個人身上都會存在依賴性這個人格特質，因為依賴性，把我們和別人緊密地連接在一起，這是依賴的功能。而且，在自體心理學的理論裡，人是不可能不依賴別人的，不管是在哪方面，精神層面上的依賴也是，我們其實都是需要被看見，被肯定，被欣賞的。

　　只是，我們在依賴的同時，還可以撤回我們對外界依賴的能量，用

於自身的獨立。而那些達到人格障礙診斷標準的患者，就沒有這麼幸運了，他們的重心基本都在依賴別人，這會帶給別人沉重的心理負擔，當然也不排除依賴型人格的人遇到威權型人格（authoritarian personality）的人，一拍即合，反而可以成就一樁很和諧的姻緣。只是，兩個人都是以自我喪失為代價獲得一種人生假像，有意義嗎？

依賴型人格障礙症患者，對親近與歸屬有超過一般人的渴望，而且這種渴望常常呈現出病態的症狀，和他內心真實的對待他人的感情沒有直接的關聯。他常常是為了要留住一段關係而把自己給搞丟了，其實他也換不回來這段關係，因為我們在關係裡是要能看見彼此的，我們才可以真正地相愛，否則，他不過是你投射的對象，你也不過是他投射的對象，你們生活了一輩子，但是卻從來沒有看見過對方。

有時候，對別人的慣常的依賴，卻是一種反向形成，用來隱藏我們對他的不滿與攻擊性。因為在家庭規範裡面，攻擊人是不好的，但是，這個攻擊性要何處安放呢？依賴就成了攻擊性的偽裝，出現在親密關係裡面。

如何調適？

◆ 積極參加團體治療

團體治療對依賴型人格障礙症患者有非常多的好處，在團體裡，他可以在安全的環境下去詢問別人對他的真實感受，在團體接納的氛圍中重新尋找自己的定位。

◆ 從自我貶低走向自我欣賞

依賴型人格障礙的患者喜歡自我貶低，哪怕他明明在很多外部條件上都比別人強，但是他看不到這個部分。所以改變的重點就在於整體性地看待自己，既看到自己的不足，更重要的是看到自己還不錯的地方。

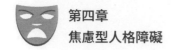
◆ 學會自己承擔責任

先從小事做起,不去徵求他人的意見,做了也不去看他人的反應,然後看看自己可以接受這個狀態嗎?如果成功了,再慢慢地做大一點的事情。

◆ 積極的自我暗示

我已經不是小孩子了,我毋須生活在戰戰兢兢、如履薄冰的恐懼之中,我怕誰呢?得罪了你,惹惱了你,你會把我吃了嗎?離開了你,我會活不下去嗎?我已經 26 歲了(或者其他年齡),我怎麼都可以靠自己的能力活下去!

南希‧麥克威廉斯在 2018 年的一個講座中這樣說道:

第一點,治療師要嘗試著去找到一些機會,讓患者能夠發展出一些負性的移情反應來,例如讓他在治療中感到一些沮喪、不安、失望,然後患者可能會說,你不該這麼做,或者你不該這麼講,總之讓他在意識層面感覺到一些負面的移情體驗。而在治療關係中,治療師又是允許他有這些感受的,因為過度依賴的人在日常生活中特別擔心他對人會有這些負性的體驗,因而破壞他的關係。所以,如果他對治療師說,你這個諮商沒有什麼效果的話,他會擔心治療師拋棄他。因此,在治療中,治療師要去找到一些機會,讓患者能夠體驗到一些負性情緒,然後溫柔以待。

第二點,治療師要能夠忍受患者的焦慮。因為他們的父母沒有辦法忍受患者的焦慮,一旦有什麼事情發生,父母就馬上行動,前來安慰孩子。在治療中如果想讓患者變得獨立,就要讓他能夠承受焦慮,治療師可以幫助患者制定一些緩解焦慮的策略。

　　第三點，患者要學會為自己的能力感到自豪、自尊，允許自己去做一些冒險的事情。他們需要有一個內在的聲音告訴自己說：「哦，你剛才做了一件困難的事情，你很棒。」

　　治療的一個目標是要讓來訪者建立一種成人式的依賴，而不是兒童式的依賴。

　　對於兒童來說，他沒有辦法選擇他要依賴誰，也沒有辦法告訴別人說，讓別人如何來滿足自己依賴的需求。當別人無法做到的時候，他是沒有辦法告訴別人的。即使別人對自己很糟糕，兒童也無法離開。但是，作為成年人就不一樣了，成年人可以選擇自己要依賴誰，你可以告訴別人自己需要怎樣的一些照顧，當對方做不到的時候，你是可以離開他，然後做出其他選擇的。

　　依賴型人格障礙症患者在內心能夠做出這樣的區分是很重要的，治療的目標不是讓他獨立，而是讓他學會在成人式的依賴和兒童式的依賴之間做出一個區別，然後幫助患者建立成人式的依賴。

　　南希說到的區分成人式的依賴和兒童式的依賴，說明在依賴型人格障礙症患者的心中隱藏著對於被拋棄的恐懼，而這種人格特質，在邊緣型人格障礙、做作型人格疾患、迴避型人格障礙等幾類人格障礙裡其實都存在。他們往往會遇到一段品質很低的關係，但是你會發現，他們就是會待在那段關係裡走不出來，這說明這些人格障礙其實是合併了依賴型人格障礙的。他們對戀人或配偶充滿了憤怒，在親密關係裡相愛相殺，但是他們不敢離開關係，因為他們只有在關係中才能感覺到自己的存在。這裡有一種很大的、很原始的被毀滅的焦慮和恐懼，驅使他們寧願待在一段受虐的關係裡，也無法從關係裡走出來。

第五章

其他類型人格障礙

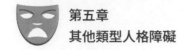
被動攻擊型人格：有些感覺很不對

男主角：張介之，38 歲
女主角：劉海惠，35 歲

（1）

好多年前發生的一件事情，我想我這輩子都不會忘記吧。

當時我們在另外一個城市經商，我們夫妻共同經營著一個店鋪，那天我感冒了在家裡很難受，沒有去店裡。在晚上 7 點多的時候，我打了一通電話給還在店裡的他，跟他說我感冒了，讓他早點回家。

那一段時間，因為他經常在店裡打遊戲，所以我時常對他提一些要求，希望他做一點和門市業務相關的事情，其實是希望他和我有點互動，和孩子有點互動。但是，他的感覺就是我一直在試圖控制他。

那天晚上我打完電話以後不久，他回家了，但是一直坐在客廳看電視，根本不到臥室裡來，我一個人躺在床上，鼻子幾乎無法呼吸，頭暈眼花、渾身無力。我一直期待著他能夠到臥室來關心一下我，幫我抓一點中藥來吃，因為每次感冒，我都是這樣依賴著他抓回來的藥，症狀才可以盡快緩解。但是那天，他一直坐在客廳看電視，看到睡覺的時間才進臥室來……

你無法想像從晚上 7 點多到 10 點多，一個女人的內心經歷了怎樣的從希望到失望再到絕望。他要回家，因為我打電話讓他早點回家，但是他要表達他對我請求他提前回家的不滿，估計他是以為我讓他提前回家是想讓他少玩會兒遊戲，所以，他不會管我是什麼狀態，他只需要表達他心中那種被別人干預了他的自由的痛楚。

他那個時候沒有攻擊我，但是，又相當於狠狠地攻擊了我。

平時他都是很關心我的，那天晚上他對我的絕情，我只要想到，眼淚就會長流。

什麼叫被動攻擊？我想那就是最好的闡釋。

（2）

最近這些年他對我的態度好很多了，當然也許和我對他的態度改變有關係吧。

前幾天，我跟他說應該買一間房子了，現在新房和二手房的價格差別那麼大，而且我們家是剛性需求，一間房子都沒有……總之還有許多其他的理由，他聽了，沒有說反對，也沒有說同意，最後說了一句：「妳要怎麼決定就怎麼決定，反正賺錢的人是妳，我也沒有多少的本事，這件事情上，我不發表意見。」同時他也表示，如果我決定了要買房，他可以把自己手上的那部分積蓄拿出來支援買房。

但是，他的表情在我們交流的整個過程中都是凝重的，語氣也是不舒服的，眉頭始終沒有舒展開來過。所以，我對於說服他買房這件事情的成功，沒有任何的喜悅，而且感覺到了隱約的不安。

果然，在隨後的生活裡，他對待我的態度有一些很細微的改變。以前，在我們有什麼不同意見的時候，如果我沒有遷就他的意見，去把那

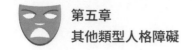
件事情做了，他會很不舒服，然後會和我冷戰。後來因為我向他表示過很多次，我討厭他的冷戰，而且一旦他冷戰，後果會很嚴重，我要麼也會和他冷戰到底，要麼我會選擇離開，所以，他漸漸地放棄冷戰。但是現在，他改成了另外一招。

這一招是什麼呢？就是被動攻擊。

以前，被動攻擊是貫穿在他的整個冷戰時期裡的一招，現在這一招，只是單獨出現了而已。

他還是會和我說話，和我有正常的互動，但是，他以前會對我有的親暱舉動全部取消了。比如說，每天早上我會在沙發上躺著用熱毛巾熱敷我的雙眼，這個時候，他會來用手假裝在我的脖子上「切」幾刀；我在廚房做事的時候，他會來抱一下我；晚上睡覺的時候，他會等著我一起上床⋯⋯

而現在，他照常和我說話，也照常會在生活中體貼我，他沒有和我冷戰，但是，那些習慣性的親暱舉動全部沒有了：每天早上我在熱敷眼睛的時候，我等待著他來假裝「殺」我，但是沒有，他已經幾天都不和我玩這個遊戲了；早上起床，我在廚房做早飯，他也起床了，如果在以前，他會來廚房看看我煮什麼，但是現在，我在廚房忙碌了半天，他都不進來看我一下；晚上睡覺，他自己收拾好了，會自己一個人早早地上床，然後把眼睛緊緊地閉上，我特別害怕在臨睡前沒有人回應的那個時刻⋯⋯

這種感覺非常熟悉，和以前冷戰時期的感覺差不多。但是，我還無法去指責他，因為人家沒有和我冷戰，每天還是和我互動的，取消的只是親暱的言行。

這的確不是冷戰，但是又好像是冷戰，或者說是不冷不熱的「溫

戰」。這簡直就是經過了「偽裝」的冷戰，這是冷戰的升級版嗎？

我找不到任何理由對他發飆，但是也的確感覺到自己仍然被他拋擲在他的溫情世界以外的「寒冷地帶」。這種感受真的很不好，當然，比以前他明顯地和我冷戰的感覺要好了一些，好歹我覺得他還給我一種假象是我還可以靠近他。

但是，其實不是。

很多次我都想對他說，「你要是反對在Ａ市買房，你可以直接說啊！」但是我心裡明白，他不可以直接說，因為我和孩子的意思以及我在Ａ市的娘家人的意思，我都告訴了他的，他們都是希望我們一家三口在Ａ市買房的，他一個外地人，雖然不喜歡Ａ市，不想在Ａ市定居，他始終想回到他的故鄉去生活；但是，他也感覺到了蚍蜉撼動不了大樹。他知道如果他堅持一個人回他的故鄉去，而且以後也不情願來Ａ市陪伴我的話，我們的關係可能會出現大的問題，他也在乎和我的關係。那麼，我們要在Ａ市生活，肯定是要有一套自己的住房的。所以，他自己本身就是為難的、矛盾的，按照他自己的心願，肯定是不想在Ａ市買房的，他恨不得馬上就把我從Ａ市「拐」走，跟著他回到他的故鄉去生活。這樣的鬧劇，在我們這些年的婚姻生活裡已經無數次上演了。也正是因為這個原因，所以我們一直確定不下來在哪裡買房。

（3）

他離開以後這段時間，我觀察了自己的許多行為，發現我也是被動攻擊型人格。

他在Ａ市的時候，曾經對我說過的許多話，我當時都是不以為然的。然而，在他走後，我卻會再次去思索他跟我說的那些話。

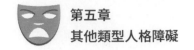
比如：他會時常關上客廳的窗戶，他在的時候，我遷就著他，只要他不在，我就會去打開窗戶。直到後來發現，如果晚上下雨了，第二天早上地上就會有一大灘水，我花了許多的工夫，才把那灘水清理乾淨……

他時常關上廚房的窗戶，說是風大的時候，會把廚房的門吹得「砰」地關上，而那個門是玻璃門，容易被撞壞，我都不信。在他走以後，我就會去把廚房的窗子打開，直到有一次，我親眼看到門被風吹動急速地要撞上，還好我就在旁邊，這才去把窗戶關小。

他說那家土豬肉的肉和對面那家農家山豬肉的肉質和口感都差不多，但是，土豬肉店的價格卻比對面那家貴一倍，所以勸我不要再在土豬肉店買豬肉了。他說了，我怕他生氣，不敢反對，就對他說，我在這家土豬肉店的會員卡上還有幾百塊錢，等我用完就不在這家買了。但是，我私底下一直在這家土豬肉店繼續購買豬肉，並且繼續加值。

我們做豬肉吃的時候，也經常在對比兩家豬肉的區別，但是那個時候，我會有一個主觀上的體驗，他不喜歡花更多的錢去買豬肉，所以才那麼說。當我主觀上有這種體驗的時候，他跟我說什麼都是沒有用的，因為我自己是一個喜歡過高品質生活的人，所以我習慣了稍微高一點的消費模式，我不喜歡他那種什麼都很省，疑似自虐一般的生活模式。

在這樣的想法支配下，每次對比兩家豬肉口感的時候，我都會覺得貴一點的那家的就是要香一些，我堅持這樣的想法。

但是，我又不敢直接對他表達這些感受，我只好在和他一起出門的時候買那家便宜的豬肉，而在我單獨出門的時候買貴的豬肉，我總是覺得要給家人最好的生活品質。

他離開 A 市以後，我在某一天把兩家的豬肉同時水煮來吃，發現的確沒有什麼區別，這才開始去對面那家便宜一點的店買豬肉來吃。

他走了以後，我不需要去和他抬槓，我不會感到有人會把他的觀點強加在我的觀點上。這個時候，我才願意去客觀地對比兩家豬肉的區別。

他在 A 市的時候，我明明就是不願意聽從別人話語的一個人，但是我不敢明著反對，就背地裡一直繼續唱反調。這就是一種被動攻擊。

他應該能夠感受得到，但是他對此也很無語。

因為在很多事情上，我都是這樣和他互動的。

對被動攻擊型人格障礙的解讀與調適

被動攻擊型人格障礙（passive-aggressive personality disorder）也叫被動攻擊型人格或簡稱被動攻擊，是人格障礙類型之一，是一種以被動方式表現其強烈攻擊傾向的人格障礙。患者性格固執，內心充滿憤怒和不滿，但又不直接將負面情緒表現出來，而是表面服從，暗地敷衍、拖延、不予以合作，常私下抱怨，卻又相當依賴權威。在強烈的依從和敵意衝突中，難以取得平衡。

被動攻擊型人格障礙的主要特點簡單地講就是：用消極的、惡劣的、隱蔽的方式發洩自己的不滿情緒，以此來「攻擊」令他不滿意的人或事。具體表現如下：

✎ 用被動的挑釁態度對待他人的要求和期望，如不願發揮自己才能，消極怠工，強詞奪理，丟三忘四，不守諾言等，對他人的忠告感到憤恨。

✎ 做事不合作，故意作對，悶悶不樂，易怒，好爭辯。

✎ 對自己持抱怨態度，表現出苦惱行為，覺得自己時時處於一意孤行和絕對依賴這對矛盾中。缺乏自信，對前途悲觀。

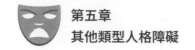
被動攻擊型人格現在並沒有出現在診斷系統中，1994 年美國《精神疾病診斷與統計手冊》（*DSM*）將此類型列為應進一步研究的障礙。

張介之出生在一個官宦之家，爸爸在家裡具有一言九鼎的地位，妻子兒女惹惱了他，他要麼在語言上罵得很犀利，要麼直接動手暴打。在這樣的家庭中出生，他有什麼不滿，是無法直接表達的，但是，別人如果對自己有一丁點的控制，或者沒有尊重自己的某個意思，他都會在心裡累積起很強烈的不舒服，進而透過被動攻擊表達出來。

有時候我在想，一個人為什麼會選擇被動攻擊？或者說，為什麼被動攻擊被列為一個心理問題？難道說，主動攻擊就不是心理問題了嗎？

一個人能夠進行主動攻擊，說明這個人的心裡對於自己主動表達對對方的不滿，是有安全感的，他不怕表達之後對方會懲罰他，會離開他。

被動攻擊，說明這個人害怕自己表達攻擊性的後果會很嚴重，所以他採用了一種自認為是策略型的表達方式：我沒有直接攻擊你，但是，我仍然表達了我的情緒。

被動攻擊者好像是一隻縮頭烏龜，無法承受直接表達攻擊性的後果，因為從小到大的經驗告訴他，惹惱了那個強權者後果是很可怕的，我承受不起。

他們無法明白，被動攻擊的後果才更可怕，雖然你表達自己的情緒很過癮，但是被動攻擊傷害對方的方式卻是持久性的、彌漫性的、難以消散的。

主動攻擊的影響力要小許多，因為那些東西擺在檯面上，好識別，也就好應付。被動攻擊彌漫著戰爭的硝煙，但是看不到敵人的影子，那簡直就讓人恐懼。

　　劉海惠出生在一個工人家庭。爸爸很愛玩，很少和孩子互動，媽媽很情緒化，劉海惠惹惱她的時候，她會歇斯底里地吼叫，並且訓斥劉海惠。幼年時的她特別害怕媽媽變臉，媽媽吼叫的時候，她會有魂飛魄散的感覺。

　　這樣的孩子，也會在關係裡去討好對方，不敢明著和對方吵架，她會害怕對方突然變臉，不喜歡她了，冷淡她了。所以她會委曲求全地待在關係裡，而不管對方是否也是一個孩子，無法照顧到她的感受。

　　她哪裡敢直接表達對他的憤怒呢？除非是他嚴重惹到她的時候，她才會歇斯底里地對對方吼叫，平時，她都順從著他。但是，背地裡，她有自己的想法，她很害怕自己的思想被對方的想法所吞沒。所以，不管對方說什麼，她是一概地堅持自己的想法的，但是，這樣的話，對方對她的愛就會下降，她又害怕這個部分。因此，她在表面上都聽他的，背地裡來執行自己的。

　　如果我們在表達自己意願那個部分的時候感覺到安全，就是不管我怎麼表達，你都願意聆聽，並且不會認為我這是惡意違逆你，同時，你會認真地去思索我表達的內容，即便它和你的意思相反，你也不會覺得我是在不尊重你；那麼，我就可以主動攻擊你的觀點或者事件，而不需要採用被動攻擊這樣的方式來表達我的不滿了。

　　所以，主動攻擊是健康的，當然，任何事情都是有分寸的限制的。主動攻擊裡面不包含軀體攻擊。

　　被動攻擊作為一種單獨的人格障礙存在是沒有必要的，它會伴隨在許多的人格障礙之中。我在做諮商的時候發現，被動攻擊時常伴隨在邊緣型人格障礙、迴避型人格障礙、孤僻型人格障礙症、思覺失調人格障礙症等精神疾病之中，是一個廣泛的臨床現象。

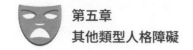
　　其實，在家長制的家庭裡，被動攻擊是很普遍的，只要有強權存在的地方，就會出現被動攻擊，因為主動攻擊是很危險的。在一些強權的家長那裡，孩子就是哭泣也是不被允許的，也會被視為不服從自己的指令和權威，因而會被加以「鎮壓」的。

　　所以，我們不得不被動攻擊，因為環境是如此的不安全，懲罰又是如此的嚴厲，後果又是如此的可怕……

　　被動攻擊的形式太五花八門了：拖延症、消極怠工、愛的撤回、故意沒有聽到你說什麼、不合作、不服從……

　　如何調適？

◆ 清楚明瞭自己的目的

　　被動攻擊是為了要維持關係，所以才採取迂迴曲折的方式表達自己的不滿，但是，被動攻擊對關係的破壞常常具有毀滅性質，這個卻是被動攻擊人格的人沒有意識到的。與其那麼曲折地表達自己的不滿，不如直接表達自己的不滿，對關係的建設和修復，反而效果更好。

◆ 學會用語言直接表達自己的不滿

　　被動攻擊常常是用一種付諸行動的方式來表達不滿，語言這樣高級的溝通方式其實是被忽視了。當你學會用語言去表達不滿的時候，其實你會發現，你們是在同一個「世界」裡，他不是你的權威，你也不是過去的那個只能任由擺布的孩子。

◆ 學會勇敢地承擔表達不滿的後果

　　對方沒有你想像的那麼脆弱，經不起別人的主動攻擊的人是你，毋須再投射你自己的脆弱，分辨清楚他和你的不同。表達不滿不會破壞關係，被動攻擊才會破壞關係。

憂鬱型人格：我活得好累

唐松，男，28 歲，碩士畢業，公務員，熱愛寫作

　　文章內容來自唐松本人寫給治療師的自述。分節部分代表是在不同的時間寫作的。

（1）

　　前幾天我回憶起來一個已經被忘記的記憶碎片：我在國小一年級剛被送入寄宿學校的前半年，非常不想被人發現。我想鑽進地底裡，想躲進任何一個小角落裡。只要老師和同學不在我的身邊，我就會有一種落寞和悲傷感。

　　我這個記憶裡，最深刻的一個畫面，是有一天老師帶著小朋友做早操，我看著他們往外走，忽然有一種悲傷感，這種感覺很奇怪，我感覺我是不應該屬於這個世界的，沒有人要，也沒有人愛。我看著大家離開教室，空蕩蕩的教室彷彿驗證了我的看法。然後我看見牆角掃帚邊上有一塊骯髒的小角落，我哭起來。把自己卡在那個角落裡，我感到極度的孤獨和悲傷，但是又感到一種滿足和安全感，就好像我根本不該是一個

227

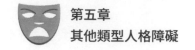

人。我是一個垃圾。沒人需要我。我應該就這樣死在這個角落裡……我就這樣低著頭蹲在角落裡看著地板一直哭。直到老師的聲音出現在我身邊，問我怎麼了……

這個記憶碎片裡面似乎有著極度的自卑和無助。在這次導致我憂鬱的事件中它忽然顯露了出來，讓我有些震驚。看來我在一年級被送入那個寄宿學校的時候，確實遭遇了什麼精神的痛苦，以至於覺得自己連垃圾都不如……

再次回憶起這段記憶的時候，我感到一種強烈的絕望和悲傷。這種感覺似乎和我成年後每次大的情緒波動都有非常相似而熟悉的地方。

所以我猜想，或許這意味著我在極為幼小的時候，就已經開始出現這種極度自卑，厭惡自己，認為自己被世界拋棄了的絕望感。

國小整整 6 年，我都只能在週末才能見到我的父母，所以有時候覺得和我的父母很陌生，和學校的老師同學反而更熟悉。可惜，在學校的時候，我遭遇了一些校園霸凌，其中有來自老師的傷害，也有來自同學的，但是我的父母對於我身上發生的事件似乎沒有給到有效的安撫。

我的記憶中一直以為，我小時候應該還是比較勇敢的。但是現在看來，並不是這樣。

我記得那個時候，我最喜歡做的事情，就是想辦法讓自己消失，把自己卡在某個小角落裡，然後幻想自己倏地一下就消失了。

我連做夢都在做這件事情，彷彿這樣做才是對的。以至於我的班導師在一年級結束的時候幾乎記不住我的名字。

當時班上有一個很開朗的同學叫劉海濤，他積極幽默又開朗。那個時候我非常喜歡劉海濤的樣子，我不斷觀察他，模仿他，想變成他。

（2）

　　昨天下午我和我的女朋友正常約會，送她到家的時候已經是晚上十點半左右了。我開車去的，到她家樓下的時候，因為希望和她多待待，央求之下，她讓我把車子停在社區的地下公用停車庫裡。

　　作為情侶，我們兩個在地下車庫裡待著，又在一個密閉的空間裡，她靠著我，於是我產生想親吻她，甚至做有性暗示意味的撫摸的衝動。這不是我們第一次來到地下停車場，也不是第一次這樣做，但是很明顯她今天有些疲憊，並不希望和我有過多的親吻和親暱動作。但是，我的心中仍然有一種強烈的願望去和她緊緊貼在一起，正當我伸出手，企圖將她拉入懷裡並親吻她的時候，她忽然閃開了我的動作，往相反的方向靠在車門的那一側，她開始問我：「等一下，你不要總是這麼可愛，你不是說你有冷酷的一面嗎？你做一下給我看看。」

　　在我們剛認識的時候，我記得我跟她說過這句話，但是我從來沒有想到她會這麼要求，她看著我（實際上整件事情結束以後，她強調自己是開心的，笑著看著我），以一種撩撥、挑釁（這是我當時的感覺）的樣子不斷地催促我快點表演一下看看。

　　然後，我就憤怒了。

　　於是發生了我們有史以來最嚴重的一次爭吵，她靠在一邊半天都不說話，淚水已經浸潤了她的雙眼，她說她不知道我到底在想什麼，不知道怎麼會讓我不開心，不知道哪一句話就會觸碰到我的創傷。

　　她質問我的時候，我眼睛發愣，低著頭，心中充滿恐懼和歉意，一個勁兒地跟她說：「對不起，是我錯了。」

　　那一刻，我忽然想起了我國中的時候，媽媽曾經被調去外地工作兩

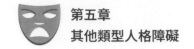
年，在媽媽回來後的一段時間，我和媽媽非常陌生，幾乎無法交流。那個時候，我受到色情網站的影響，不斷地去看一些母子亂倫類的 A 漫。然後有一天被媽媽發現了，那個時候，我母親訓斥我的樣子和這一刻是如此的相似，而我的反應行為也和那天如出一轍。

我感覺我要失去她了，我感覺她的嘆氣和失望的表情是要為說出「我們分手吧」做鋪墊。但是令我驚訝的是，她告訴我她感到很累，感到我們的情感在被我推著走，她時常感到背後彷彿有一隻手在推著她，讓她很不舒服。但是，這些並不代表她不愛我。

她重複了三遍，我很感動，同時也意識到，我對於她的感覺又一次和真實的她發生了偏差，我只是按照心中的那個注定會被拋棄的孩子的意象，來看待那個注定會對我不滿的女人形象，我把那個形象「嫁接」到了她的身上，她是誰，一瞬間我竟然有點模糊……

那個時候我還和她在一塊，無法多想，但是我知道，我低著頭的時候並不是 28 歲的我，而是那個被拒絕的只有幾歲或者十多歲的我。

晚上的結局是女朋友把不滿的情緒發洩了出來，我哄了她，她想起我平日裡對她很好，她告訴我，希望我們能更好地磨合。但是她提醒我，她只是一個普通的女孩，平凡的她並不希望未來一輩子都生活在這種壓力中。

我回到家裡，當時我的情緒並沒有絕望，看來這段時間我的心理治療是非常有效的。在離開她之後，我感到情緒中的某種欲望迅速地減退，我又回到了 28 歲，所以回家以後我反倒獲得了平靜。

但是我記得當時的感覺，我知道有一段重要的記憶在那一刻溜了過去，所以在睡前我做了一件事情 —— 這段時間我一直在看《辯證行為療法》這本書，其中提到「創建自己的安全屋」，這個理念讓我感到或許對

我會很有用。於是，我按照它的說明為自己的精神創建了一個屋子。

　　一開始是一個屋子，後來再去的時候是一間歐式的教堂，後來再去的時候教堂的一半坍塌了，一道白光從外面射進來，我看到了教堂外面的世界——我在一處巨大、平坦而高聳的懸崖臺地上面，世界的所有事物都低於這個臺地，在臺地之下。整個臺地是一個三角形，它的尖端指向遠處的大海，而低一些的地方是重巒起伏的山脈。

　　在臺地尖端那裡有一棵老樹，當我臉對著樹，盤坐在那裡的時候，我的臉處在的那一截剛好有一個人頭大小的空洞。我閉上眼睛，在我的精神裡再次放鬆，打坐，入定，盯著這個洞。我就會在我的精神裡順著這個洞穿過去，飛離地面，這個時候我就可以看到懸崖的下面——在森林的環繞下，下面是一個打著漩渦的黑色的潭，我就從空中跳下去，然後我發現，黑色的潭水裡面有我的記憶。我會在這個潭水裡回到過去的記憶身旁，分辨他和我的不同，然後我會把這個記憶裡的我帶出水面，這個時候他們就變成了一堆白骨。我就上到潭水的岸邊，那裡，非常靠近森林的地方有一面鏡子，我看著鏡中的自己良久，然後會在鏡子後面的空地上挖一個墳墓，把我手裡的這堆白骨埋掉……

　　昨天晚上我又進入了這個安全屋世界，跳入這個潭水之中。

　　今天早上起來的時候，我回憶起一個記憶的片段——我穿著開襠褲，那個時候我還沒有桌子高，一個女人在和別人打麻將，我走路顫顫巍巍的，想要抱她，但是她把我撥開了……

　　這個記憶是哪裡？我多大？身邊的女人是誰？我思考了一會兒，立刻意識到，這是我非常小的時候的一段記憶，這個記憶和我父親在我成年以後跟我講的一段話重合了：

　　「你很小的時候，我和你媽在 A 市都很忙，把你攔在 B 市老家……但

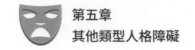
是當時的保母不行，就知道打牌，也不管你，有一次你媽回去，看到你全身都是泥，坐在地上哭，保母也沒管你，非常生氣……後來就把這個保母辭退了，換了一個人很好的保母，你還記得嗎？」

根據我的記憶和我父親給我的資訊，我明白了一件事情：我在很小的時候應該遭受過類似於拋棄行為的對待。因為這個行為，在我成長的一段時間裡，對於母子亂倫的 A 片才會有這麼大的興趣，因為對母親的依戀得不到滿足，逐漸轉化為一種對性方面強烈的渴求。

在之前的諮商中我們一直在分析，女朋友說了什麼才導致我生氣，不穩定，崩潰。在這個記憶出現之後，我發現我們忽略了最重要的一點 —— 動作。我思考了三次女朋友讓我情緒不穩定的場景：

第一次，我拉著她的手，看著她，內心裡希望更靠近她，所以我的語言很親暱，我希望得到同樣親暱的回答，但是她卻問我（其實是在開玩笑）：「你不是要買這個包給我嗎？怎麼不買啊？」這裡引發我情緒崩潰的重點不是這句話，而是當我企圖透過言語「觸碰、撫摸」她的時候，她的回饋強行結束了我的訴求，這給我的感覺是一種拋棄。

第二次，我坐在餐廳裡，拉著她的手，看著她，不時地希望摟著她，我感覺氣氛正在向更加曖昧的方向前進，但是這個時候我的朋友來了，他一過來就說我大學時候是多麼的「魯蛇」，高中的時候是多麼的「白痴」。我那天再次情緒失控，現在想來，不是因為他的話，而是因為他的言語截斷了我對於親密的性的訴求。

第三次，也就是昨天，不是因為女朋友讓我模仿冷酷導致我生氣，而是我越來越想抱著她親她，吻她，撫摸她的身體，但是她的玩笑打斷了我的訴求，把我不斷升騰起的極為強烈的觸碰性慾拒絕了。

也就是說，這些憤怒全部發生在我心中對於「性」的渴望不斷攀升的

時候，而我面對我親密的愛人時，出現的這種一定要透過強烈的撫摸、觸碰，甚至激烈的性關係才能獲得安全感的渴望，只能說明，我越喜歡我的女朋友，我就越想從她身上拿回我所失去的。而在這種情緒發生的情況下，我大概只有一兩歲。

今天早上，我在我精神的安全區裡埋葬了這個幼小的我。我站在它的墳墓前，有一瞬間我感到了巨大的悲傷。在我居住的屋子裡還有一頭玩具小熊，從我很小的時候就抱著它，在我成長的過程中甚至把它當作我的家人。現在我明白了，它只是我渴望被親吻，被撫摸，被擁抱的精神寄託。我曾經對它說：「這個世界是殘酷的，如果有一天你要離開這個世界了，請你告訴我。」有時候想起這段話我覺得很可笑，畢竟一頭玩具熊是不可能自己長腳離開的，但是今天我明白了：

我的玩具熊要離開了。

現在已經是早上 8 點了，我因為找到了這種情感的原因，心中有了一些釋然。這些年有太多時候我以一個孩子的樣子去面對這個世界，現在他們的位置正漸漸地重新讓給現在的我，這讓我感到欣慰。但是一個成年人，在面對這些困難的時候應該怎麼做呢？如果再次面對我的女朋友，如果那個人是現在的我，我應該怎麼做，才不會變成我兩三歲時候的樣子？現在的我對於愛情，所渴求的是什麼呢？在坐在這裡這一刻，我真的不知道，但是我會努力去試試看的。

（3）

我剛才在和女朋友的交流中又出現了比較大的情緒波動，導致了落淚。

可能是因為憂鬱症的原因吧，我的記憶時常發生輕微的錯亂。我的

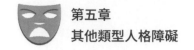
女朋友最近因為搬家的緣故，暫時住在宿舍裡，她跟我說過她在宿舍裡沒辦法洗澡，但是我的記憶裡有她在家裡經常洗澡的影像。

剛才她在 LINE 裡說她要去刷牙。我不知道為什麼會認為她是去洗澡了，於是她回來的時候在 LINE 上說她刷完了，我就問她把頭髮吹乾了沒有？這個問題讓她很不高興，就問我，是不是我把別的女人的事情記錯在她的身上了？

後來她向我解釋，她說的「她」指的並不是第三者，就是一個普通朋友的意思，她沒有覺得我劈腿的意思。但是當時我覺得她認為我劈腿，我感到了她不信任我，隨即我強烈地感覺她不會愛我了。但是我覺得她認為我對她不忠這個假設讓我陷入極度憤怒中，所以我和她爭論起來。

她也和我爭論起來，並執意讓我對她舉出詳細例子。

冷靜下來以後，她向我解釋：她就算說了那句話，也不代表她就對我失望了，要離開我。她沒有告訴我去洗澡，但我卻說她去洗澡這件事情確實讓她很不爽。但她毫無準備拋棄我的想法，而我卻隨時會因為她的這些反應就推論出她要拋棄我了，這讓她壓力很大。

我之後打了電話給她。聽見她聲音後，我的情緒變得穩定了一些。

她安慰了我一下，叫我別多想。就睡了。

我知道她並不是說不愛我了，準備拋棄我了。但是剛才一瞬間認為她不信任我，覺得我對她不忠，這樣痛苦的感覺應該直接指向了強烈的「疏離感」，以至於在這之後的 30 分鐘我陷入了極度的悲傷中。我大概哭了 30 分鐘。期間大腦記憶一片混亂。一會兒想到治療中治療師和我的對話，一會兒有著我原來鑽牛角尖時的怨恨感和自殺勸說的聲音。但是我還是有一份篤定，在這樣最糟糕的情景下，我應該首先去正視這個痛苦，並和這個痛苦待在一起，看看這個痛苦的背後是想告訴我一些什麼

話語。所以我沒有再指責自己，並且我始終睜著眼睛感受幻想和現實世界的差異，直到 30 分鐘以後我的情緒逐漸穩定。

昨天的事直到今天仍然使我情緒低落，我使用了轉移注意力和自我分析的方法，透過回憶女朋友和我在一起的很多片段，確定了女朋友是愛我的。但是，我發現，即使我的女朋友已經告訴了我她是愛我的，我的心中仍然有猶疑。

實際上昨天的事情發生之後，頂多在 30 分鐘後，這件事情所造成的負面情感已經消除了。但是很顯然，還有一種情感一直在我的腦海中，我發現這個情感在我和女朋友的這種情境中已經不是第一次產生了，它會在負面情緒產生之後一直存在，在負面情緒結束後卻不能很快結束。它對我最大的影響，是一旦它出現，我在一兩天內存在一種「大腦中對女朋友的態度無法恢復正常」的感覺，使我到剛才都找不到「我愛著女朋友的感覺」是什麼。

昨天晚上的那個記憶讓我很震驚，於是我順著那個記憶嘗試回憶，似乎在我幼稚園的時候，這種「鑽地縫」、「在人群中消失」的念頭就已經產生了。

我透過今天早上一直壓在我的大腦中的情緒進行聯想，我認為我今天早上所產生的這種「無法感受到以前愛我女朋友的時候是種什麼樣的感受」的體驗，實際上是一種為了防止對方拋棄我，而在第一反應中主動形成的防禦機制。

也就是說，如果我在某一刻感覺到了她會有不愛我的可能性的時候，我的大腦就會記不起我曾經深愛過的這個女孩的所有記憶。

我認為，在我很小的時候應該發生過一些事情，導致我錯誤地將女朋友表達的「我對你生氣了」和「我要拋棄你了」畫了等號。

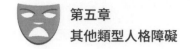
別人發脾氣，最差的情況是對我減幾分，而不是減 100 分。而我總是感覺到別人對我一旦生氣，就是把我全盤否定，要拋棄我了。

我父母和我在從小到大的互動中，傳遞給我的感覺使我將「生氣」和「拋棄」弄混淆了。以至於我的第一反應在面對「生氣」的情感時，只會用「拋棄別人」去應對。

（4）

最近情緒焦慮的焦點又轉移到和女朋友的關係上。她只要超過一天不怎麼和我說話，我就會感到不安。如果有三四天和我只用 LINE 交流且說話簡短，我就會感到對方討厭我了。

現在我憂鬱症又發作了。這週女朋友和她的上司吵架，加上她工作非常忙碌，在 LINE 上幾乎不和我說話，回應我也只是「好」和「嗯」。

這讓我感到很大的情緒壓力。所以，我的情緒也不太好。

我時常害怕她不及時回覆我的訊息，害怕她傳訊息時沒發貼圖，猜測她內心是否又開始厭倦我了。我之所以在這件事上特別沒有安全感，是因為我把對自己的評價放在了別人的籃子裡，我想從別人那裡看到自己的樣子，我把別人的言行看作對自己人格的讚揚或否定。其實那些也許和我並沒直接的關係，有可能只是當時那人的隨機心境而已。

因為我沒有辦法確定自己在在乎的人那裡有沒有一個重要位置，所以我不斷地去猜測別人對待我的態度，極為想知道別人的想法是什麼，在很沒有安全感的狀態下，隨意放大別人行為裡對我的拒絕性含義。

我活得好累。

▌對憂鬱型人格障礙的解讀與調適▌

（1）

唐松成長於一個官員家庭，母親是大企業主管，父親是某某局長。父母感情不好，很疏離。家裡的分工是，爸爸負責和孩子溝通，管孩子的課業和規矩；媽媽負責孩子的生活，媽媽是一個很沉默的女人，話非常少。

他特殊的成長經歷是從國小一年級到國中二年級都在住校，而且小學住的是寄宿學校，只有週末才可以看到父母。當時，他就覺得對父母很陌生。

儘管這樣，唐松從小到大，都會時常聽到爸爸訴苦，說他的媽媽對他很冷淡之類的話語，唐松不想聽，但是無力走開。

他回憶起曾經的一些經歷：

國小的時候我成績很好，有一次我英語考了全校第一，我對爸爸說了，爸爸那天心情可能不好，只是點點頭，就再也沒有說什麼了，讓我覺得他跟我沒什麼關係。然後爸爸就把我的獎狀很隨意地放在一旁，似乎是在給我潑冷水的感覺，把我從得了第一名的興奮中扯了出來。

從小到大，這樣的事情發生了許多次，以至於我大了以後，要去完全地相信一個人的時候，心裡會有恐懼感。

國中有兩年的時間，媽媽去外地工作，爸爸那時工作上壓力很大，每天回家以後，一句話也不說，就窩在沙發上看電視。他會經常命令我去做一些事情，比如洗碗、拖地，有一次我洗碗的時候，一不小心把碗滑在地上，爸爸的聲音就非常火大地從客廳裡傳過來，他罵我「你怎麼就連這點事情都做不好」，我感到很害怕，非常的害怕。那一瞬間，我感

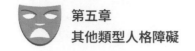
到我和他並不熟悉，而他的訓斥會讓我有魂飛魄散的感覺……

我的爸爸在那段時間會不定期地對我發作，有時候是因為我做錯了事，有的時候是因為成績不好。成績不好的時候，爸爸什麼話都不會說，他會嘆口氣，然後臉色非常難看。我看著他的臉，我對爸爸很失望，我會很記恨這個世界，不知道為何會給我這樣一對父母，我感覺我的家太失敗了，我真希望我沒有被生下來過。

那個時候，待在家裡會很壓抑，我會覺得那整個屋子都非常討厭，因為我不知道下一次被訓斥在什麼時候會發生。

至於我的媽媽，在記憶中就更是一片空白。那時也不知道媽媽什麼時候會回家，每當爸爸訓斥我的時候，我在腦海裡就想像我的媽媽是比他溫柔千百倍的。

兩年以後我的母親回來了，我非常激動，跑到門口去迎接她，看見她的時候，發現她也是一臉怒容，而且充斥著一種煩躁的情緒。那一瞬間，我感到像是被欺騙了，這個家根本就不是我想像的，這兩個人是如此的陌生，自那以後，我幾乎沒有再和我的父母交流過。

高中的時候，我成績已經非常好了，爸爸把我帶到他的酒桌上，去見一些這座城市裡的重量級人物。爸爸很驕傲地把我介紹給他們，然後我看到他們也都很羨慕我爸爸擁有我這麼優秀的兒子，讀明星高中的資優班，而且還是資優班裡成績靠前的學生。

很多年以後，我漸漸能和我的父親交流了，自從我罹患憂鬱症以後，父親和我的互動調整了許多，但母親變化不太大。我逐漸可以識別母親的一些表情，但是始終覺得母親對我而言就只是一個符號。

有時候在幻想層面，希望我的父母都消失掉，這個世界就只剩下我一個人了，這樣我會放鬆許多。這種感覺在國中和高中階段比較強烈，

　　而在國小階段，對我的父母是一種恐懼感，即便是週末和他們相處，也不知道什麼時候會被他們訓斥。到了國中，就是對我父母的憤怒。那時我寧願在外面待很久，也不願意回家。

　　這種感覺在國中達到頂峰的時候，早上 6 點我就迫不及待離開家，到晚上 11 點我都不想回家。走在街上的安全感，比我待在屋子裡面還要強。

　　到高中的時候，爸爸經常都不在家，他不在家的時候，我會很開心。媽媽幾乎不會和我說任何事情，她只負責照顧我的生活，對我的生活有一個基本的關照，她就好像一個保母一樣，所以我體驗到了一種自由感，因為媽媽既不會管我，也不會訓斥我，她只會過來問我想吃什麼，然後就忙著做吃的去了，這樣的屋子給我一種安全感。所以那時非常希望我的父親不在家，最好我的母親也不在家，這樣我就感覺這個屋子裡有一種安靜的氛圍。

　　國中和高中，如果爸爸在家，我一聽見他在客廳說話，我讀書的注意力就會受到干擾，有時候我會有一種幻覺，覺得他在說我，他那往下沉的音調好像是在訓斥我，或者是在跟媽媽說我的壞話，於是我就會很生氣。這種感覺持續多年，直到我讀大學以後，偶爾聽到他這個下沉的聲音，都還會產生憤怒，如同平靜的內心無端地被什麼東西撩撥了，然後我很憤怒。這種感覺完全消失是在我畢業回到 A 市之後的第二年。

（2）

　　唐松是我的來訪者裡面語言表達最有特色的，我從來沒有見過一個男孩子可以把自己的感受表達得那麼細膩，那麼生動形象和準確以及用大量的隱喻、暗語和象徵性的手法來表達他的所思所感。

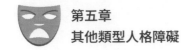
　　說真的，和他聊天是一種思想的盛宴、靈魂的探尋，他能夠透過他的語言把我帶到他靈魂最深幽和最細膩的地方。這是一種很強大的能力。

　　他長得很帥，個子也高，也很有自己的思想。憂鬱症患者通常情況下都很能照顧到別人的感受，他在我面前尤其努力地在做一個好的來訪者，我對他的反移情很喜歡和很欣賞。但是這種反移情對他表白沒有用，因為在他固定化的思維模式裡，他是不值得被人欣賞和喜愛的，一旦有人表揚他，他會認為別人有所企圖。為了避免這樣的誤解，我強忍著不去表達我的這個部分。

　　最開始他說話的方式是一直說一直說，根本停不下來，每次諮商就這樣結束了，我感到在諮商裡要和他互動有點困難。所以我不知道他對諮商的理解是什麼，於是就和他討論，他也很吃驚，問我，最開始的時候你不是讓我想到什麼說什麼嗎？

　　但是，他的那些話的確不像是互動，而更像是一個孩子在對父母匯報自己近期事宜以及感受，當我把這個回饋給他的時候，他沉默了。後來的一次諮商裡，他告訴我，他平時和爸爸說話就是這樣的方式，以至於爸爸時常要讓他停下來，不要那麼急著把要說的事情全部說完。他現在意識到這不是溝通，只是因為心中有一個意象，他不是一個主體，而那個主體是一個有權威的彼者，他是需要把自己的所思所想匯報給這個彼者，然後彼者在掌握了他的動態之後，會給他一個指示，一個要旨，一個「批復」，他只需要按照這些去行動就可以了。也就是說，他主動地把自己的命運交給了彼者。

　　畢業以後他是在 B 市上班的，但是爸爸把他叫回了 A 市，並且透過關係讓他順利地成為公務員，他們那個部門的一些業務，爸爸還能夠透

過自己的關係進行幫助。所以這個爸爸可以說是大權在握，一心想幫助自己的兒子，但是唐松很不喜歡爸爸介入到自己部門的事務裡來，不希望爸爸把自己的全部都掌控了。

從 B 市回到 A 市之後，因為前女友並不想去 A 市，他們分手了，唐松有很長時間都非常憂鬱。當時在單位裡上班，時常會有一個聲音對他說，「你從這棟大樓跳下去吧」，所以他很害怕，在這個聲音出現的時候，他就躲進廁所裡去……

他在每個星期六的早上的 9 點到 12 點的 3 個小時，都是和爸爸在一起，跟爸爸交流自己這一個星期的生活動態和思想動態。

在他憂鬱症發作期間，爸爸和媽媽都改變了很多和兒子的互動模式。

（3）

唐松敏感而脆弱的人格特質，是因為從小被送進寄宿學校而導致的嗎？如果是這樣，那些被送進寄宿學校的孩子，都會罹患心理疾病嗎？

這就如同那些遠離雙親的隔代教養兒童，會成為新一代的精神疾病高發族群一樣，我們不能說每一個隔代教養兒童都會得病，但是，他們是心理疾病的高發族群是肯定的。他們未來在不同的年齡階段有可能會罹患不同的身心疾病。

孩子太小的時候被送去寄宿學校是一個很大的問題，它會為孩子未來罹患心理疾病埋下隱患。因為在這個階段的孩子，還需要和父母繼續發展穩固的親子關係。

一個 7 歲的孩子被送到寄宿學校去，一個星期只能在週末見到自己的父母。即使這個孩子在 7 歲以前，和父母建立起來的是安全的依戀模

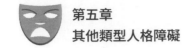
式，都有可能因為寄宿學校的某些老師的粗暴對待方式而摧垮對人的信任感，更何況本案例中父母的人格特質就是有問題的。這個孩子在 7 歲以前和父母建立的應該是不安全型的依戀模式，再加上去寄宿學校，遇到他覺得很粗暴的老師，那麼，那個躲在角落裡幻想自己找個地洞鑽進去的、瑟瑟發抖的孩子，該是多麼的絕望！

孩子沒有辦法選擇自己想去還是不想去，那麼小的孩子就試圖把自己給消滅掉，這裡面究竟隱藏了多少對父母的失望，乃至絕望？

父母當然對這個孩子解釋了為什麼要把他送進寄宿學校，但是，在孩子那裡，他無法理解父母的那些原因，他心中只能給自己一個解釋，這個解釋就是，我和你們在一起，你們並不開心，常常擺出怨恨的面孔，所以你們才把我送走了……

這個孩子長大以後，最擅長的事情就是去猜測女朋友還喜歡他嗎？還在意他嗎？ LINE 訊息回覆得慢一點，或回覆得簡單了一點，他內心都是慌的，不知道沒有在眼前的這個人是否又不喜歡他了，他心中充滿了疑慮和憤懣。而我們知道，這並不是針對他女朋友的，而是在幼年時候對父母的那一部分怨恨和憤懣還沒有處理掉，所以移植到其他客體上去了。

在他年幼時，剛被送去寄宿學校的那一段時間，這孩子一定是有過反抗的，他對每一次週末來接他的父母，都有可能會表達他不希望留在寄宿學校的願望。當然，假設這孩子不表達這種願望，那就更糟糕，說明在 7 歲以前，父母就沒有能力共情到這孩子，所以他早把對父母的表達給封閉了。但是從我們的心理諮商的過程來看，這一點是沒有的，這孩子有很強烈的表達欲望。

那麼，一次又一次的表達之後，父母還是依然在星期天的晚上把他

送進寄宿學校，這孩子的心裡又會產生什麼樣的假設呢？果然，還是沒有人會真正地喜歡我，果然，父母和我在一起是不開心的，我沒有能力讓父母開心……

當然，還有一幕場景是在這孩子小的時候，曾經被送去給一個保母帶，而那保母喜歡打麻將，時常讓這孩子一個人玩耍。這些背景也會導致一個小孩子內在的那個核心信念的形成：我是沒有價值的，我是不值得被愛的。

這些如果再加上這個孩子人格特質上的敏感氣質，那麼，一個憂鬱型人格就形成了。

（4）

什麼是憂鬱型人格呢？

簡單一點說就是：我完全不知道我在你心目中有沒有一個被無條件地接納和被愛的位置，所以我需要你讓我看到在你的心中有這個部分。如果看不到，我就會迷失自己。

這不就是我們時常說的「關於被愛的驗證」嗎？這一點，在邊緣型人格障礙症患者那裡可以說是已經演繹到了巔峰，而在憂鬱型人格障礙症患者這裡，他只是在心底默默地驗證、默默地憤怒、默默地離開，而在「邊緣人」那裡，他總是會鬧出很大的動靜來。

所以，憂鬱型人內在的深刻的自卑，決定了他在關係裡其實會向對方索取很多很多，保證，保證，保證……對方可以無限制地讓憂鬱型人感受到被愛嗎？除非對方很有能量，否則對方會覺得很累很累。

當然，憂鬱型人也是很有人格魅力的人，他們心思細膩，溫和、善良、體貼，平時最大的功夫是察言觀色，透過察言觀色，他們會把對方

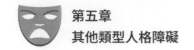
照顧得很好，不管是在情緒上還是在生活細節上，他們也會讓對方感覺到自己很重要。所以，憂鬱型人是很能夠吸引到戀人或配偶願意待在他們身邊的。

可是，這種無休止的關於被愛的驗證，就如同一個遊戲，玩的時間久了，對方就會疲倦。

憂鬱型人格障礙目前沒有診斷標準，我自己根據臨床的憂鬱型人格來訪者的特點做如下描述：

- 遇到事情傾向於從悲觀的角度來解讀。
- 對自己的能力和才華的估計總是低於實際。
- 如果做錯一個選擇或事情，他們傾向於很嚴厲地攻擊自己的失誤。
- 習慣於自我憎恨。
- 對於自己能不能得到愛和認可始終充滿懷疑。
- 常常透過過度奉獻來抵消內疚感。
- 人格類型上屬於典型的內向型人格。
- 偶爾會用自大和自負來掩蓋真正的自卑。

如何調適？

◆ **重新審視你的自責**

憂鬱型人的自責是病理性的，他們時常因為自己做過的決定而懊悔自責，在極端的時候，甚至潛藏著想要殺死這個犯下巨大錯誤的自體的願望。在這種時候，他們變成他們內化的那個曾經的喜歡批評和訓斥自己的客體，對於自己的錯誤採取絕不寬恕的態度。在這裡也隱藏著一個巨大的不合理認知：我應該能夠預測到我沒有經歷過的事情會有一個什

麼樣的後果，從而做出精明的判斷，以至於到今天不用來面對當初的失誤所導致的愚蠢結果。所以，調適的方法就是去掉病態型自戀（perversion narcissique），恢復你作為一個人的存在，而不是一個神的存在。作為一個普通的人，你不可能事事都能夠預料，你是肯定會犯錯，一定會犯錯的，犯錯了，你的精明和英明也不會就完全走向反面。

◆ 重新審視你的內疚

憂鬱型人的內疚是一種病理性的內疚，他們時常因為自己傷害了某個人而陷入巨大的內疚情緒，甚至，他們會因為腦海裡有傷害某個人的念頭而覺得自己很壞，因此陷入內疚的泥潭中不能自拔。內疚之於憂鬱型人，似乎是一道甜點，他們對之上癮，缺之無味。其實這樣的內疚，在患者幼年時可能曾經保護了患者，使之避免把一些念頭付諸行動，但是，內疚沉積下來，卻成為終年的咀嚼品，那就有點過了。調適的方法是意識到自己其實並沒有對他人造成什麼實質性的傷害，或者即便是有一些，那個人也是能夠承受的。何況人和人相處，要釐清邊界，你無論如何做，都有可能會傷害到對方的。你不可能完全讓對方滿意，因為如果你真的這樣做了，你傷害最深的就可能是你自己了。

◆ 重新審視你的憂鬱情緒

會進入憂鬱狀態，說明你的人格發展至少是透通了偏執－分裂心理位置，進入了憂鬱心理位置的。一個進入憂鬱心理位置的人，雖然有在心中哀悼客體的喪失的能力，但是也有重新尋找失去的客體的能力，所以，這是憂鬱型人的優勢。憂鬱是一個人一生中很寶貴的一種人生體驗，因為只有憂鬱，才會促使我們深刻地去面對自己的喪失，一個人只有意識到了自己的喪失，才能清醒地活著。

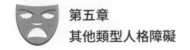
受虐型人格：我心裡有一片沙漠

白雪，女，34歲，大學畢業

（諮商師先說一下對來訪者的直觀感受：身材很好，皮膚很好，透明而白皙，如同真人版白雪公主一樣；五官精緻，眼睛很好看，而且瞳仁晶瑩剔透，如同水晶葡萄一樣看著水靈靈的，非常美麗，現在已經很少見到這樣的美女了。很有傳統上小家碧玉溫潤型的美女氣質。）

（1）

大學畢業以後，我背井離鄉來到A市，這或許可以讓我離開原來的城市，離開那個讓我覺得無比壓抑的地方吧，不想接受原來那個失敗的、無助的自我形象。其實，只要能離開家就可以。

現在想來，以前的戀愛關係或者友誼關係，只要在關係裡我感覺到損害了我的形象，我就想逃避這個人。所以以前跟對象吵架，一吵架我就會覺得：完了，他肯定不會像以前那樣對我好了，因為我已經把自己的形象給毀了。

之前在老家交朋友，可以這麼說吧，我爸媽拿了多少錢來養我，我起碼就拿了一半的錢去養我的朋友們，我覺得好吃的東西，就一定會買

給我的朋友吃，我能對他們好的，就會拚命對他們好，這樣來讓他們滿意。可是，有些人會覺得我很蠢，反而來利用我，最後的結果，人家會覺得我是個軟柿子好欺負。這樣的事情層出不窮，我就覺得自己很失敗。

　　上高中的時候，我轉了一次學，在之前的學校裡，我一直是被排擠的對象，我可能活得不是那麼地貼近生活，因為我是心裡怎麼想，口中就怎麼說的人，所以時常得罪人。在同學們看來，我就特別的張狂和張揚，所以大家都特別討厭我。

　　還有一個原因是我一直都喜歡和男孩子交朋友，我討厭女孩子的婆婆媽媽。所以那些女生就愛罵我，罵的話還十分下流，說我和某某男生怎麼怎麼了，搞得那個男生為了明哲保身，都不和我來往了，我心裡十分的壓抑，就申請轉學了。

　　轉學後是一個私立學校，我們班同學成績都不好，班級紀律很混亂，時常打架，班上的人有時候還藏著鐵棍、刀具等東西。男生都欺負我，他們經常罵我：「妳看吧，妳爸媽都不要妳，妳活在這個世界上都是多餘的，沒有人喜歡跟妳在一起，妳活著幹嘛呀？沒意義，妳去死了算了。」

　　我爸媽從我很小就不在意我心裡是怎麼想的，所以，面對這些嘈雜的聲音，我心裡很難受，就自己一個人撐著，撐不住的時候，就坐在窗戶邊上準備跳樓，但是最終還是沒有勇氣跳下去。這樣反覆多次以後，我就想通了，你們憑什麼要罵我啊？你們罵我，我就是你們罵的那種人嗎？從此，我又走向另外一個極端，我變成了一個百毒不侵的樣式了。任憑別人怎麼說我，我都不為所動。

　　從小學到高中，我一直都是一個努力討好別人的人。不管任何人跟

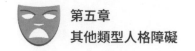
我說需要我做點什麼，我都會放下手裡的事情，陪他去。基本上我是屬於沒有自我的那種狀態。但是反過來，我對別人有需要的時候，別人卻不買帳了。

我國中的時候有一個好朋友叫李薩，因為他們家隔壁是郵局，那時流行寫信給筆友，於是我就每天把我寫的信交給她，讓她幫我投郵局。有一天，因為開家長會的緣故，我無意中發現我交給她的信全部在她的抽屜裡，她沒有替我寄走一封信，而在這之前，我幾乎把我全部好吃好穿的都分享給了她。

國中畢業以後，她隔了兩年就去上班了，有一次她叫我去她上班的地方玩，她的一個哥們那天也去了，然後那哥們說要借我的手機來打，那是爸爸新買的，在當時算是很貴也很稀有的手機了。他最開始是在房間裡打電話，後來就下樓去了，然後就一直沒有回來，我著急了，問李薩，李薩說沒事，都是認識的，又等了一會兒，我又問李薩，李薩就下去找那男生，結果也沒找著。當時我很害怕，因為如果告訴我爸爸的話，我爸爸肯定要把我打死。

當然，最後我的手機還是沒有找回來，我也被我爸爸狠狠地打了一頓。

大學的時候我有一個女性的好朋友，她也是老家的人，大學畢業以後，我就準備來 A 市打拼，她聽說了以後對我說，我要跟妳一起去 A 市，而且她還提前把火車票都買好了。她告訴我她帶了 5,000 元出門，我聽了感覺到壓力好大，5,000 元在 A 市能夠做什麼？租房子都不夠啊！

後來我在 A 市找到了工作，一個月 2 萬多的薪水，我們一起合租的房子，房租是 10,000 元一個月。因為我忙著上班，是那女孩去找的房子，通知我去的時候，房東、仲介都在了，只等著我去簽合約和繳錢，

三個月房租加上一個月押金，一共 40,000 元。那女孩讓我先墊付，等她找到工作了就把一半房租給我。

那女孩在 A 市也找到了工作，電話業務，就跟傳銷差不多吧，一群人每天在一個小黑屋裡互相說：「啊，你真棒！」她回來說給我聽，還覺得特別有自信，但她一直都沒有拿到薪資。我覺得不對勁，就勸她離開那裡。

我們每天的生活費都是我在墊付的，這個女孩沒有上班以後，狀態很不好，每天就在家裡玩電腦，不收拾我們的房子，也不做飯。我每天下班以後還要買菜做飯給她吃，她吃先以後就又繼續去玩電腦了，碗都是我洗，收拾家裡的也是我……

而且後來我還發現，這女孩搶走了我喜歡的一個男生，時常和那男生睡在一起。

有一天我在公司裡接到這女生的一條訊息說：「如果我走了，妳會不會恨我啊？」我回答說：「不會啊。」那女孩回覆說：「我現在已經在火車站了。」然後我整個人一下子就崩潰了，我一直哭，她走了以後我一直在生病，連著發了幾個星期燒……

她走了以後我才發現，把房子租給我們的人並不是房東，真正的房東來找我要房子，說房租從來就沒有給過他，然後就大罵我，要把我從房子裡攆走。當時我在 A 市也沒有親人，於是馬上報警，警察也沒辦法管，說這要先聯絡那女孩，而我也不願意再回頭找她。這件事情對我打擊非常大。

這就是我的兩段友誼故事，其實還有第三段，不過結局都差不多，我總是被人欺騙、被人耍弄。

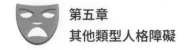

（2）

　　我讀大學以後有一個很不好的習慣，凡是和我相好過的男生，他們的身上都有我打、掐、抓、咬的傷痕，那個時候不知道自己為什麼會這麼暴力。包括每天晚上躺在床上，都是計劃怎麼弄死我爸爸。但是就不明白為什麼我對自己最親密的人也會從精神上和肉體上去折磨他們，我會說一些過激的話去刺激那些男友。我能夠很直覺地感覺到用什麼方式可以狠狠地傷害他們，於是我就會那樣去做。

　　我的第一個男朋友只有國中學歷，學美容美髮的，他家裡很窮，我當時選擇他的原因是他對我很好，很寵我，什麼事情都讓著我。那時我在讀大學，他就跟著我在我大學門口的美容美髮店裡打工，晚上就睡在商舖的地板上，後來他對我說，他覺得老闆員工那些人都瞧不起他。我們見面的時候，他就靠在我肩上哭訴這些，覺得他自己很沒有用。我很討厭別人老給我這些負能量，對他的態度就開始疏遠起來，後來他就回老家去了。

　　他那時經常會打電話和傳簡訊給我，我在上課，不能接，他就會一直打，然後在簡訊裡一直問我為什麼不接他的電話，我很討厭他這樣黏我。

　　假期裡，我曾經把這男孩帶回家，保守的媽媽知道我把這男孩帶到了我讀大學的地方，還把我的初夜給了這男孩之後，勃然大怒，覺得我的行為有傷風化，特別丟人，讓我以後不要和她聯絡了，要和我斷絕母女關係。媽媽還把這事告訴了我爸爸，她知道我爸爸會怎麼來收拾我。

　　果然，爸爸知道以後，來找我談話。那天他喝了酒，他不聽我說什麼，就開始打我，他下手很重，還叫我和他一起寫遺囑，我們都分別寫

好了遺囑，爸爸寫得很認真，把他的房子、現金都做好了安排，然後就拉著我進了屋子，把我的照片全部摔在地上，讓我去撿地上的玻璃。然後我爸爸扛著我出門，我說我要找一個東西，就往回走了，趁此機會，我傳了一條簡訊給媽媽：媽媽，爸爸要殺我，妳快來救我。那個時候已經是半夜2點了，媽媽回覆我：這麼晚了，你們兩個不要鬧了，早點睡覺吧。

當時，爸爸一直打我，從三樓打到了一樓，用那個藏刀的刀背往我頭上打，然後用那麼長的刀尖抵著我的腰。我那時真的很怕，全身都在發抖，我也一直在哭，爸爸準備把我拉出人門，大門外有一個火車道，爸爸準備把我推到火車道上去。我一直死死地拉住鐵門，直到沒有力氣了，然後冷靜下來對爸爸說：「你等一等，我想等媽媽來，再見媽媽最後一面。」

然後我看見我爸爸一愣，他沒有想到我還會說這樣的話，還可以大義凜然地赴死。我趁著爸爸發呆的時候，又傳了簡訊給媽媽，不一會兒，媽媽和繼父來了……

從那以後，我再也沒有回過爸爸的家。

但是，那幾年裡，我一聽到機車的聲音就害怕，因為我爸爸一直是騎機車的。

我並不恨爸爸，就是害怕，我無法處理我在面對他的時候的那種害怕。

作為一個華人，我竟然從來沒有過年過，因為一過年爸爸就要喝酒，他一喝酒我就要挨打。打完以後，在半夜裡，他又會來我床邊哭，他會拉著我的手說：「爸爸錯了，妳原諒爸爸吧。爸爸不是人，爸爸不該打妳，爸爸給妳錢花，妳不要生氣了好不好……」

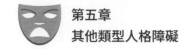
我外婆曾經告訴過我，我媽媽如果有不順從我爸爸的地方，爸爸就會暴打媽媽，時常打到媽媽遍體鱗傷。有一次，爸爸把刀子插進媽媽的身體，離媽媽的胰臟只有 0.1 公分的距離，差一點要了媽媽的命，後來他們就離婚了。

每一次爸爸打完媽媽，同樣是向媽媽下跪，說我錯了，然後用力打自己耳光，然後晚上一個人坐在床邊說：「我活不過今天晚上 12 點，我明天一定會死的。」媽媽聽到就在心裡說：「你快點死吧……」

我爸媽離婚以後，因為爸爸工作的特殊性質，所以就是爸爸帶我幾天，媽媽帶我幾天。我和他們在一起的時候，感覺到他們似乎是被逼無奈在帶我一樣，心不甘情不願的。

後來我爸媽各自有家之後，爸爸如果心情不好，就會說：妳去妳媽那待著吧。我跟媽媽在一起的時候，如果她心情不好，就會攆我到爸爸那裡。

所以我 3 歲就一直在唱一首歌：爸爸一個家，媽媽一個家，剩下我自己，好像是多餘的……

但是後來，再婚後的爸爸和媽媽，又都再次離婚了。他們最終還是很孤獨地各自生活著。

（3）

2012 年我大學畢業後就來到 A 市。

2013 年，媽媽因為重度憂鬱症發作，眼睛哭到腫得看不見東西了，連家門都找不到了。在這種情況下，我回到了老家陪伴她，隨後媽媽的情況才開始好轉。

後來我在媽媽的商鋪裡面上班，我想過不做了，媽媽會說：「許多關鍵的地方還是需要妳來幫助我的。」可是，另外的時候，她又會對我說：「妳除了幫我開車和核實一下帳單，在我這裡還有什麼用？」所以我和媽媽在一起很累，最後只好離開她一個人到 A 市工作，誰知道她把她的商鋪都轉出去，又跟著我來到 A 市了。

在 A 市這邊還好，A 市人的包容性特別的強，我工作單位的主管也特別賞識我，所以我特別拚命地工作，別人每天只工作 6 個多小時，我每天還會把工作帶回家繼續做。我是只要人家欣賞我，就可以為別人賣命的那種人。

下班以後，媽媽對我的控制欲非常強，她幾點睡覺，就要求我一定要幾點睡覺，如果我在外面有應酬回來晚了，她會對我咆哮說：「妳是想害死我嗎？」因為媽媽夜晚很害怕自己一個人，我不回家的話，她一個人在家裡疑神疑鬼的，無法入睡。

每天早上，我一定要在媽媽起床之前起床，為她做好早點，如果我起床晚了一點，我媽媽也會驚叫，說我想要餓死她。

現在好希望我媽媽回到老家去，重新找個對象，離開我最好。

媽媽要求我必須在晚上 9 點半以前回家，如果超過這個時間不回去，她就會傳訊息說要把我的東西扔出家門去。然後她會說，她睡不著覺都是因為我。「妳是故意想把我逼死嗎？逼死了我，妳就開心了？」

聽到媽媽這麼說的時候，我會很生氣，也很委屈。我從小到大有一個習慣，如果哪個人委屈了我，我又承受不住這個委屈，我就會狠狠地抽我自己耳光，然後還要跪下來跟人家道歉。

你看，我手上的這些傷疤，就是跟我媽媽吵架的時候，我把自己割傷的。

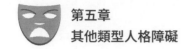

　　起因是我和我男朋友的事情，我媽媽經濟上比較寬裕，她出錢購買了房子，就覺得裝潢的錢該是男朋友家裡出，男方家經濟上要差一些，所以就說先去借貸來裝修，我就說我們一起工作存錢來還貸款。我媽媽就認為我向著我男朋友，覺得她說的話不重要，因為這個，我媽媽連續4天不和我說話。

　　在這4天裡，我一直在哄我媽媽。媽媽說她想吃牛肉，我就買來煮好了給她，她一口都沒有吃；她感冒了，我把藥備好給她，她理都不理我。我怎麼哄她都沒有用，後來我就問她是怎麼想的，她說：「我沒有怎麼想，我不是妳媽，妳別和我說話，妳以後任何事情都跟我沒關係……」

　　當時我就狠狠地抽了自己幾個嘴巴，然後說：「媽媽對不起，妳別生氣了，我錯了。」但是心裡並不是甘願這麼說的。後來我還意識到可能是想讓媽媽內疚。

　　我媽媽反而越來越生氣，說：「妳給我滾。」聽到這句話，我整個人都崩潰了，於是我開始打自己，打了很多下，一直到一個星期以後，那邊臉都還是腫的。媽媽看著我在她面前自己打自己，理都沒有理我，還轉過頭去，說：「妳不要在我這演戲，你要演出去外面演。」

　　我衝下樓去買了一包菸，一把刀，找了一間旅館，在網路上挑選了好久的，因為我在考慮如果我死在那間旅館，會對那間旅館有什麼影響，還是不願意拖累那間旅館。

　　後來在旅館把遺書寫好了，遺書內容寫了很多，但是都是在責怪自己，其實也是希望我的爸媽看到之後會覺得對不起我，雖然同時我意識到這對我爸媽來說很難，我很難獲得他們的內疚感。

　　我拿出刀子開始割自己的手腕，看著鮮血一滴一滴地從手腕上流下來，有點小小的興奮。後來，我一個同學找過來了，把我帶回了家，同學還一直讓我跟我媽媽道歉，我媽媽看到了我手上的傷，但還是依然要我道歉，我心裡很不服氣：明明就是妳在無理取鬧，為什麼還要我道歉？

　　後來，我恢復理智的時候，還是找媽媽好好地談了一次。我把事情的原委從頭到尾對她分析了一遍，說我說那句話的意思是什麼，「妳根本沒有搞清楚，就開始生氣，而且情緒過激，妳不覺得妳作為一個母親，每次都說一些傷人的話讓我很傷心嗎？平時我都順著妳，妳說什麼我都按照妳說的去做，妳為什麼還這樣對待我？妳想想看，妳有我，還有妳的兄弟姐妹，而我除了你，什麼人都沒有了！」

　　媽媽原諒了我，但是說了一句：「這是最後一次，妳再有下一次，我永遠不認妳。」我說好，就吃飯去了。

　　我其實是用打自己的行為來試圖激發出她內心的柔軟，阻止我們的關係一直這樣僵持下去。每次吵架，媽媽都會說一些過激的話，比如我想讓她死，想逼死她之類的話，我聽了很難受，所以我會有一些自己打自己的行為，希望讓她心疼，然後就不和我吵架了。

　　其實我還經常會想到自殺，讓他們內疚一輩子，我完全無法和媽媽講道理，所以只能在內心設計那些鋌而走險的情節。

（4）

　　我曾在國中的時候對同學說：「我心裡有一片沙漠，你給我任何東西，我都是在用勺子往外舀沙子，但是這個沙子是舀不完的，因為它已經結成沙漠了。」

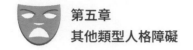
▌對受虐型人格的解讀與調適 ▌

我感覺她特別陽光開朗。雖然大學階段的一些表現很像是一個邊緣型人格障礙症患者，但是，她的自我修復能力和癒合能力還是蠻強的，在我見到她的時候，她身上的邊緣性基本已經沒有了。

白雪在和我說話的時候，不管說到什麼事情，臉上都是一副雲淡風輕的表情。即便是在說她爸爸準備殺死她的那一段經歷的時候，同樣如此。只是語氣稍微凝重一點，淚花浮現過一點點，但是很快就消失了。

她的經歷和她的父母，在我的來訪者裡面是很「奇葩」的，而且說實話，因為涉及來訪者的隱私，那些她父母做過的更「奇葩」的事情我根本就沒有寫出來。但是，她在整個諮商裡沒有掉過一滴眼淚，這和我的其他來訪者很不一樣。

其他來訪者的遭遇沒有她的慘，但是他們中的一些人，一說話眼眶就紅了，整個諮商的過程，幾乎要用掉半包衛生紙。而她，即便是在說到我都想哭的時候，依然是那副雲淡風輕的表情。

這是一個什麼樣的奇女子？她可以把她的創傷整合得這麼好，顯得毫無創傷的痕跡？

而且，她還特別地補充一句：「其實我的生活還滿好的，除了把這些事情翻出來說的時候感到沉重以外。」

我是在一群諮商心理師的聚會上見到她的，那時她準備考諮商心理師，因為要成為一個諮商心理師需要一定次數的個人體驗，所以這才找到我來給她做這個個人體驗。

她一共在我這裡做了 7 次個人體驗，然後就停止了，停止的原因是她發現自己的心理很健康，沒有什麼問題需要處理。而整個分析的過程中，我也有這樣的感覺。

　　和她媽媽的關係？她覺得她可以理解她媽媽為什麼會表現出那些言行，她努力讓自己去適應媽媽就好了。和爸爸的關係？她後來從來不主動聯絡爸爸，爸爸偶爾會打電話給她，她也不恨自己的爸爸，覺得爸爸就是有心理問題，她去接受就好了。和男朋友的關係？也沒有問題，她覺得這樣的異地戀也蠻好的，她一個人在 A 市生活也挺自在的。

　　所以，她的 7 次個人體驗，都是在告訴我她的過往經歷，然後等待我的分析。但是，我在她描述的過程中發現了她的泰然處之，她似乎已經很好地整合了過去的創傷，她現在的工作和生活其實都很平靜，每天還很有規律地去健身。她在分析中沒有困惑，沒有需要處理的問題。

　　當我試著回應她和她媽媽的關係裡存在著某種投射性認同的時候，她覺得她不需要我的解釋，她可以適應和媽媽的相處。當我回應她在和同性相處中熟悉的那種強迫性重複的模式的時候，她覺得她沒有什麼問題，是因為人性都是自私的，是別人太自私了，利用了她。她顯然可以透過這些取得一次次道德上的制高點的感覺。

　　我是在她個人體驗已經結束一段時間，在寫這個書稿裡的受虐型人格（masochistic personality disorder）的時候，突然想到她的。其實，在和她工作的時候，我覺得她的人格問題劃歸到自戀型人格障礙的譜系下還是沒有問題的，因為她的自我主體性的欠缺，以別人的需要和召喚為自己的人生使命等等。

　　我在臨床中發現，這種障礙可以併發在很多個人格障礙中，比如強迫型、迴避型、分裂型、孤僻型、自戀型、邊緣型等人格障礙中，好像除了反社會型人格障礙症，其他的人格障礙都可能合併受虐型的人格。

　　她身上為什麼帶有強烈的自虐色彩呢？

　　我們分析期間，她是在戀愛之中，他們已經走過了 4 年的異地戀。

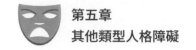
我見過那男孩，說真的，那男孩配不上白雪，白雪的氣質和美貌以及家庭經濟條件都很不錯。自身的能力也很強，積極上進，喜歡學習，性格也很開朗，活潑大方。

那男孩比白雪小 4 歲，現在還在白雪的老家上班，收入很普通，也不願意放棄自己的工作到 A 市來陪伴白雪，但是白雪和那男孩卻堅持了4 年的異地戀。原因大約是有一次白雪說分手，那男孩非常難受，再三地表示自己離開了她就不想活了，白雪在那男孩身上看到了自己存在的價值，覺得自己在一個男孩的心目中如此重要，自己怎麼可以拋棄他呢？

即便他們偶爾的相逢，那男孩的大部分時間也是在玩線上遊戲，他對她的身體缺乏興趣，她對他的缺乏激情卻也覺得平平常常。

那男孩也和白雪一樣有著暴戾的父親和冷漠的母親，他父親暴打他的程度也和白雪的遭遇不相上下。所以我在那男孩的身上看到一些對於感情的退縮和迴避的特性。

而白雪在這樣的感情裡一待就是好幾年，把一個女孩大好的青春歲月交給了這種虛幻的異地戀，這不是自虐是什麼呢？明明可以有更好的選擇，但是就專門挑選那種注定會讓自己失望的人。

我們的分析結束以後，他們分手了，是因為前兩天我要寫這個稿子，徵求白雪的同意的時候，白雪告訴我的。

我唯一知道的白雪的兩段戀情，男方和她的差距都很大，她飛蛾撲火一般投入其中，只是因為對方會寵愛她，讓著她。小時候沒有得到愛的孩子，辨識不了被愛的真正模樣，對方的一些忍讓和退讓，讓她以為這樣就是被愛。

她在關係中經常跳出來去幫助別人，她覺得正確的，就想辦法要去改正別人的錯誤的觀念或者是行為，因為她怕別人吃虧或受傷，她甚至不惜付

出自己的金錢和精力來幫助那個朋友，最後往往還得不到朋友的認可。這裡面有一個明顯的投射過程，她在投射她自己的價值感給對方，對方如果認同了，就會顯得需要她和依賴她；對方如果沒有認同，她自己又很受傷。

和媽媽的相處裡，一旦發生衝突，她就透過打自己的耳光來試圖息事寧人：與其遭遇妳的拋棄，還不如我先自己懲罰自己，這樣，妳的懲罰是不是就可以收回呢？這是白雪內心沒有說出來的話。

她的父母離婚以後，兩邊輪流撫養她，而且父母都有點不情願，或者媽媽反覆地攆她去爸爸那裡，或者她惹惱媽媽的時候，媽媽長時間不理睬她……這些都是一些類似於拋棄的行為。所以，這孩子內心是有對於被拋棄的恐懼的，因此遇到衝突的時候，犧牲自己的意志，去換取一個「穩定」的關係，也是自虐者的一個潛意識「策略」。

我和她在一起時的反移情，使我每次聽到她的話語的時候，心中都會氾濫起一種母愛的本性，想要去憐惜她，愛護她，保護她，怎麼可以有命運這麼慘的一個柔弱美女？老天爺太不公平了。但是，我很快識別到了我被她所啟動的這個反移情，那麼，她在生活中，是否也是透過這樣的方式去啟動別人來關心她，呵護她呢？

但是，當別人想真正幫助她的時候，會發現那是完全徒勞的，她內心早已經有一個陷阱，就等著你掉進這個陷阱裡，因為所有人最後都會發現，你是幫助不了她的，她根本不需要幫助。她只需要讓那些傷害過她的人後悔、內疚、自責就可以了。說到這裡，這類人雖然是受虐，但是也同時具有施虐的特性。

其實，一個人如果有受虐人格的話，是不可能不伴隨有施虐的人格特質的。就如同本個案的白雪一樣，她自虐的時候想到的是讓對方內疚自責，這是一種想像層面的對對方的施虐，因為內疚和自責是一種對自

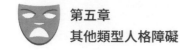
己的攻擊，她透過自己的行為來讓對方內疚和自責，相當於她讓對方去攻擊他自己，這不是施虐是什麼呢？

還有，自虐也可以是一種防禦機制，是因為總是遭受虐待，為了避免預想中的虐待的來臨，我乾脆先自虐好了，你們看到我的慘樣，你們還好意思虐我嗎？所以，自虐其實也可以看作避免被虐的一種積極主動的行為。只是自虐者通常不會想到，那個真正要虐他的人，不會因為他的自虐就停止自己的虐待行為！所以，自虐者所想獲得的庇護，其實是一種想像層面的東西。被虐待實在是太痛苦了，所以我不得不建構出來一個我認為可以換來安全的策略，即便這種策略總是失效，我也樂此不疲，這就是自虐者的悲哀！

受虐型人格障礙還有一個名字，叫自我挫敗型人格障礙（self-defeating personality disorder）。這樣一種人格問題，之前曾經出現在美國的精神疾病分類的前三版中，從第四版開始取消了，不知道是不是因為發現它作為一種單獨的人格障礙還是缺乏區分性而作罷。美國精神病學診斷標準 DSM 對該型人格障礙臨床表現的描述如下：

✎ 患者往往挑選導致自己失望、失敗或虐待的人們或境遇。
✎ 對他人的幫助排斥或毫無反應。
✎ 對積極的私人事件的反應常伴有憂鬱、犯罪或引起痛苦的行為。
✎ 對生氣的刺激或來自他人的排斥反應感到傷心、挫敗或羞辱。
✎ 對愉快的機會排斥或不情願承認自己的愉快。
✎ 失敗地完成決定性的任務，而不顧是否證明自己的能力。
✎ 對誰對他（她）好不感興趣，泰然處之。
✎ 過分進行自我犧牲。

如何調適？

◆ 重新認識自虐

自虐換不來真正的關係。無論你犧牲多少，對方潛意識層面還是知道那只是你自己的需求，不是對方需要你那麼做的，甚至，對方如果明白這是一種策略，還可能會遠離你。

◆ 重新形成新的信念

舊有的信念可能是「我是不值得被好好對待的」、「我只有受苦，才能獲得我想要的關愛」。要學會試著用新的信念去改變舊有信念：「我是值得被好好對待的」、「我可以有更好的人生」、「祥林嫂式的訴苦，只會暗示自己的人生更苦，沒有明天」、「我值得找到一個真正愛我的人」。

◆ 提升自己的自我價值感

這當然是所有的人格障礙症患者都需要做的一個自我調適。提升的方式有：發展自己的才能和技巧，靠自己的能力獲得自己想要的生活，避免依賴他人提供物質和情感上的支援才能夠獲得自尊心等等。

變態心理實錄（人格障礙篇）：

偏執型 × 自戀型 × 做作型 × 反社會型 × 被動攻擊型，20
則諮商手記，每個人的身上都潛藏著致病因子？

作　　　者：刁慶紅

組　　　編：京師博仁

責 任 編 輯：高惠娟

發 行 人：黃振庭

出 版 者：崧燁文化事業有限公司

發 行 者：崧燁文化事業有限公司

E-mail：sonbookservice@gmail.
com

粉 絲 頁：https://www.facebook.
com/sonbookss/

網　　　址：https://sonbook.net/

地　　　址：台北市中正區重慶南路一段
61 號 8 樓

8F., No.61, Sec. 1, Chongqing S. Rd.,
Zhongzheng Dist., Taipei City 100, Taiwan

電　　　話：(02)2370-3310

傳　　　真：(02)2388-1990

印　　　刷：京峯數位服務有限公司

律 師 顧 問：廣華律師事務所 張珮琦律師

定　　　價：375 元

發 行 日 期：2024 年 07 月第一版

◎本書以 POD 印製

Design Assets from Freepik.com

國家圖書館出版品預行編目資料

變態心理實錄（人格障礙篇）：偏
執型 × 自戀型 × 做作型 × 反社會
型 × 被動攻擊型，20 則諮商手記，
每個人的身上都潛藏著致病因子？
/ 刁慶紅 著 . 京師博仁 組編 -- 第一
版 . -- 臺北市：崧燁文化事業有限公
司 , 2024.07
面；　公分
POD 版
ISBN 978-626-394-539-5(平裝)
1.CST: 臨床心理學 2.CST: 精神分
析 3.CST: 個案研究
178　　113010108

電子書購買

爽讀 APP

臉書